Codice Della Legge Canonica

Canone 66 "L'economia cristiana, di conseguenza, dal momento che è il nuovo e definitivo Testamento, non morirà mai; e non bisogna aspettarsi nessuna pubblica rivelazione prima della gloriosa manifestazione di nostro Signore Gesù Cristo". Ma anche se la Rivelazione è già completata, non è stata resa completamente esplicita; alla fede cristiana rimane da cogliere il suo completo significato nel corso dei secoli.

Canone 67 Negli anni ci sono state le cosiddette rivelazioni "private", alcune delle quali sono state riconosciute dall'autorità della Chiesa. Non appartengono, però, al deposito della fede. Il loro compito non è migliorare o completare la Rivelazione definitiva di Cristo, ma aiutare a vivere più pienamente in essa in certi periodi della storia. Guidato dal Magisterium della Chiesa, il sensus fidelium sa come discernere e dare il benvenuto a queste rivelazioni, sia che costituiscano una chiamata autentica alla Chiesa da parte di Cristo che da parte dei suoi santi.

La fede cristiana non può accettare "rivelazioni" che sostengano di sorpassare o correggere la Rivelazione di cui Cristo è il compimento, come nel caso di religioni certamente non cristiane e anche di alcune recenti sette che si basano su tali "rivelazioni".

**La Piena Di Grazia:**
Gli Inizi
Merito
La Passione di Joseph
L'Angelo Blu
L'Infanzia di Gesù

**Seguitemi:**
Il Tesoro con 7 Nomi
Dove ci sono Spine, ci saranno anche Rose
Per l'Amore che Persevera
Il Collegio Apostolico
I Dieci Comandamenti

**Le cronache di Gesù e Giuda Iscariota:**
Io Ti vedo per come Sei
Coloro che sono Segnati
Gesù Piange

**Lazzaro:**
Che Bella Bionda
I Fiori Del Bene

**Claudia Procula:**
Amate il Nazareno?
Il Capriccio Della Morale Di Corte

**Principi Cristiani:**
Della Reincarnazione

**Maria di Magdala**
Ah! Mio Adorato! Ti Ho Raggiunto Alla Fine

Lamb Books

Versione illustrata per tutta la famiglia

# LAMB BOOKS

Pubblicato da Lamb Books, 2 Dalkeith Court, 45 Vincent Street, London SW1P 4HH;
UK, USA, FR, IT, SP, PT, DE

www.lambbooks.org

Prima pubblicato da Lamb Books 2013
questa edizione
001
Testo copyright @ Lamb Libri Nomina, 2013
Illustrazioni copyright @ Lamb Books, 2013
Il diritto morale dell'autore e illustratore è stato affermato
Tutti i diritti riservati
L'autore e l'editore sono grato al Centro Editoriale Valtoriano in Italia per il permesso
di citare il Poema dell'Uomo-Dio di Maria Valtorta, da Valtorta Publishing
Situato in Bookman Old Style R
Stampato e rilegato da CPI Group (UK) Ltd, Croydon, CR0, 4YY
Fatta eccezione per gli Stati Uniti, questo libro è venduto a condizione che essa non deve, a titolo di commercio o altrimenti, essere prestati, rivenduto, locazione, o altrimenti distribuito senza il previo consenso dell'editore in qualsiasi forma di associazione o di coprire diverso quello in cui è pubblicata e senza una condizione simile compresa questa condizione imposta sul successivo acquirente

# Seguitemi

## Il Tesoro Con 7 Nomi

LAMBBOOKS

# RICONOSCIMENTO

Il materiale contenuto in questo libro è tratto dalla mistica città di Dio da Suor Maria di Gesù di Agreda che ha ricevuto l'imprimatur nel 1949 e anche dal Poema Dell' Uomo Dio (Il Vangelo Come Me Rivelò), prima approvata dal Papa Pio nel 1948 nel una riunione del Febbraio 1948, testimoniato da altri tre sacerdoti. Ordinò i tre sacerdoti presente "pubblicare questo lavoro cosi com'è".

Nel 1994 il vaticano approva gli appelli dei cristiani in tutto il mondo e ha cominciato ad esaminare il caso per la Canonizzazione di Maria Valtorta (Giovanni piccolo).

Il poema del uomo Dio è stato descritto da un confessore del Papa Pio come "edificante". Revelazioni mistiche sono stati per molto tempo la provincia dei sacerdoti e religiosi. Ed ora sono ottenibile a tutti. Tutti coloro che leggono questo adattamento troverà anche edificante. E attraverso questa luce, la fede può essere rinnovata.

Un ringraziamento speciale al Centro Editoriale Valtortiano in Italia per il permesso di citare Il Poema Dell' Uomo Dio di Maria Valtorta, soprannominato Giovanni piccolo.

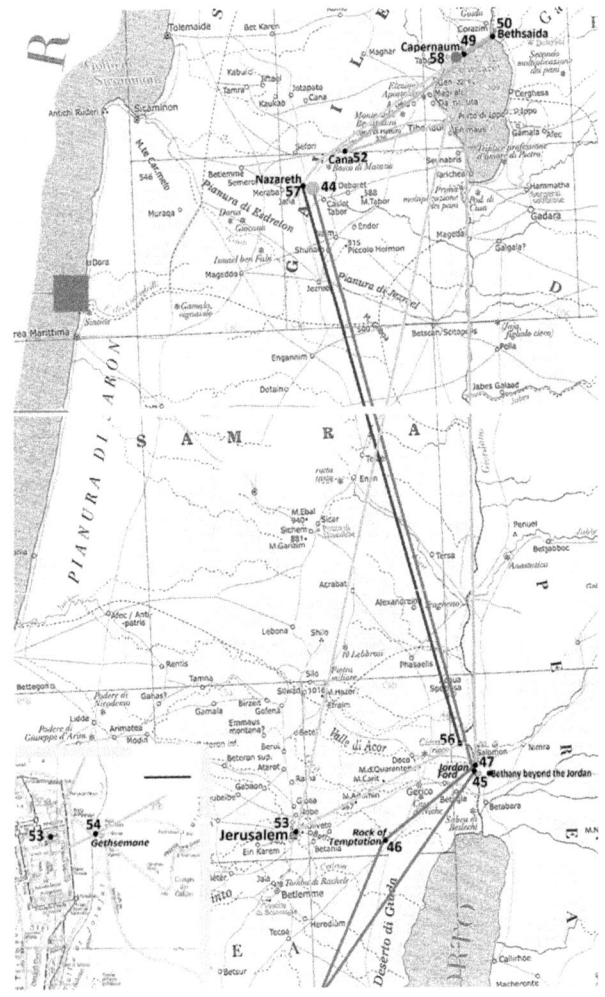

"Ricevi il Tuo Figlio Unigenito, emulalo e allevalo; e ricorda che dovrai sacrificarlo quando Te lo chiederò!"

La Santa Trinità alla Vergine Maria alla grotta della Natività-Città mistica di Dio della Venerabile Maria di Gesù di Agreda

"... Con così tanti libri che trattano di Me e che, dopo così tante revisioni, modifiche e raffinamenti sono divenuti irreali, voglio dare a coloro che credono in Me una visione riportata alla verità dei Miei giorni mortali. In tal modo non sono sminuito, al contrario sono reso più grande nella Mia umiltà, che diviene sostanziale nutrimento per voi, per insegnarvi ad essere umili e come Me, perché io ero un uomo come voi e nella Mia vita mortale ho mantenuto la perfezione di un Dio. Io dovevo essere il vostro Modello, e i modelli devono sempre essere perfetti."

Gesù, 9 Febbraio 1944-Poema dell'Uomo-Dio
(Il Vangelo Come Me Rivelò)

| | |
|---|---|
| La Morte di Giuseppe | 10 |
| Commiato da Sua Madre e Partenza da Nazaret | 28 |
| Gesù viene battezzato nel Giordano | 45 |
| Gesù viene Tentato dal Diavolo nel Deserto | 52 |
| Gesù incontra Giovanni e Giacomo | 70 |
| Giovanni e Giacomo parlano con Pietro del Messia | 75 |
| Primo incontro tra Pietro e il Messia | 84 |
| Gesù incontra Filippo e Natanaele | 101 |
| Giuda Taddeo a Betsaida per Invitare Gesù alle Nozze di Cana | 118 |

## La Morte Di Giuseppe

Estratto da "La Città Mistica di Dio"
Da Venerabile Maria di Gesù di Agreda.

Negli ultimi otto anni, Giuseppe è stato ammalato e sofferente di artrite, e in questo tempo la sua anima è stata purificata nel crogiolo dell'amore divino. Col passare del tempo, le sue forze si affievoliscono e la cura a lui prestata dalla sua Sposa aumenta sempre più. Quando Maria, nella Sua eccelsa saggezza, percepisce che la fine è vicina, sollecita Suo Figlio per Giuseppe:

*"Signore Dio Altissimo, Figlio del Padre Eterno e Salvatore del mondo, grazie alla Tua luce divina Io vedo che si sta sta avvicinando l'ora che Tu hai decretato per la morte del Tuo servitore Giuseppe. Io Ti supplico, per la Tua antica misericordia e la Tua infinita bontà, di assisterlo in quell'ora con la Tua onnipotenza. Fa che la sua morte sia preziosa ai Tuoi occhi, come Ti è stata gradita la rettitudine della sua vita, in modo che egli*

*possa andare in pace e nella speranza dell'eterna ricompensa che egli riceverà nel giorno in cui Tu aprirai le porte del paradiso a tutti i fedeli. Ricordati, Figlio mio, dell'umiltà e dell'amore del Tuo servitore; dei suoi meriti e virtù estremamente grandi; della fedeltà e della sollecitudine con cui quest'uomo ha supportato Te e me, la Tua umile ancella, nel sudore del suo sopracciglio."*

*"Madre Mia, la Tua richiesta è a me gradita, e i meriti di Giuseppe sono adeguati ai miei occhi. Io ora lo assisterò e gli assegnerò un posto tra i principi del mio popolo, così in alto che egli sarà ammirato dagli angeli e farà sì che essi e tutti gli uomini si riversino presso di lui in massima lode. Con nessun essere umano mi comporterò come con il Tuo sposo."*

Maria ringrazia Suo Figlio per questa promessa.

Per nove giorni e nove notti prima della sua morte, Giuseppe gode della compagnia e della cura senza sosta di Maria o di Gesù. Per tre volte in ciascuno dei nove giorni, gli angeli allietano Giuseppe con musica paradisiaca, alternando inni di lode e benedizioni. In questo periodo, la loro casa è profumata di dolci fragranze così meravigliose da confortare Giuseppe e rinvigorire tutti coloro che si avvicinano alla casa.

Per far sì che la sua morte possa essere il trionfo del suo amore più che degli effetti del suo peccato originale, Gesù sospende il supporto miracoloso che aveva consentito a Giuseppe di resistere alla forza del suo amore nel corso della sua vita, permettendo in tal modo alla sua anima di valicare i confini che la trattenevano nel suo corpo mortale. Così, la vera causa della morte di Giuseppe è l'eccessivo amore.

Un giorno prima del suo trapasso, Giuseppe cade in un'estasi che dura ventiquattro ore, in cui egli vede chiaramente la divina Essenza e vede anche tutto ciò a cui aveva creduto per fede, inclusi i misteri dell'Incarnazione e della Redenzione e la Chiesa con i suoi Sacramenti. Poi viene incaricato e deputato quale messaggero di Cristo per i santi Patriarchi nel Limbo, per prepararli alla loro liberazione in Paradiso.

Tutto ciò Maria lo vede riflesso nell'anima di Suo Figlio ed Ella offre i Suoi più sinceri ringraziamenti all'Onnipotente.

Quando Giuseppe si ridesta dall'estasi, il suo volto si illumina di magnifico splendore, riflettendo la sua anima ora trasformata dalla sua visione dell'essenza di Dio. Egli chiede la benedizione di Maria, ma Ella si rivolge al Suo Figlio divino in modo che Egli possa benedirlo al Suo posto.

Ora, all'età di sessant'anni, dopo essere stato lo sposo di Maria, la Madre dell'Incarnazione del verbo, per ventisette anni, il momento della morte di Giuseppe è arrivato quando Maria ha quarantuno anni e mezzo - sebbene non dimostri mai più di trentatré anni - e

Gesù ventisei e mezzo.

Fine estratto.

Gesù è al lavoro nella bottega da carpentiere, dove le pareti a sud e ad est sono costruite in pietra ingessata scavata da grotte naturali nella montagna rocciosa, che costituisce anche le pareti a nord e ad ovest.

Un vasetto di colla è posto su un camino rustico nella cavità della roccia, talmente annerita dal fumo per tanti anni da sembrare ricoperta di catrame. C'è un buco nel muro, coperto da una grossa mattonella e fa da ciminiera per far uscire il fumo, ma dev'essere mal funzionante poiché anche le altre pareti sono annerite dal fumo ed anche ora, la piccola bottega è piena di una nebbiolina fumosa.

Gesù, ora un uomo adulto, lavora ad un ampio tavolo da carpentiere, piallando tavole che poi poggia contro il muro dietro di sé. Rimuove i morsetti da entrambi i lati di uno sgabello e lo esamina esattamente da ogni angolazione, controllando che sia perfetto. Poi va verso il camino, prende il vasetto e ne mescola il contenuto con un piccolo pennello che ha l'estremità simile a un bastoncino.

La sua tunica è piuttosto corta, di color nocciola

scuro, con le maniche arrotolate fino ai gomiti. Indossa un grembiule da lavoro sulla tunica, che usa per asciugarsi le dita dopo aver toccato il vasetto.

E' da solo e lavora diligentemente ma serenamente, i Suoi movimenti sono fluidi e pazienti mentre pialla un nodo resistente sul legno. Un cacciavite cade due volte dal tavolo ed Egli lo raccoglie pazientemente. E non si preoccupa del fumo nella piccola stanza che deve irritargli gli occhi.

Ogni tanto, solleva il capo e guarda la porta chiusa nella parete a sud che conduce nella piccola stanza che si affaccia sull'orto; guarda e ascolta.
Una volta, apre la porta sulla parete ad est che si affaccia sulla strada polverosa e guarda fuori come se aspettasse qualcuno, poi torna al Suo lavoro, non triste ma molto serio.

Sta lavorando ad un pezzo di ruota quando Maria entra dalla porta a sud, con il capo scoperto e indossando una semplice tunica blu scuro, legata in vita da una corda dello stesso colore. Corre da Gesù, con l'ansia scritta sul Suo volto da angelo blu, le lacrime che brillano nei Suoi occhi arrossati e stanchi e, posando entrambe le mani sul Suo braccio in un atto di preghiera e dolore, dice con le labbra tremanti: "Oh! Gesù! Vieni, vieni. Sta molto male!"

"Madre!" Egli risponde semplicemente e con quella sola parola esprime tutto, mentre passa il braccio sulla Sua spalla, La accarezza e La conforta. Poi, lasciando il Suo lavoro, si toglie il grembiule ed esce con Lei dalla porta a sud e nella stanza adiacente inondata di luce che entra dall'orto, anch'esso inondato di luce e verde, e dove alcune colombe svolazzano attorno alla biancheria stesa ad asciugare al vento.

La stanza è povera ma pulita. Su un letto basso, coperto da piccoli materassi, giace Giuseppe, appoggiato a dei cuscini. Il pallore livido del suo volto, la mancanza di vigore dei suoi occhi, il suo respiro affannoso e il rilassamento totale del suo corpo indicano che sta morendo.

Alla sinistra di Giuseppe, Maria gli prende la mano, ora rugosa accanto alle unghie e la massaggia, la accarezza e la bacia. Poi, con un piccolo pezzo di stoffa, asciuga i rivoli di sudore che gli imperlano le tempie ed asciuga una lacrima trasparente all'angolo del suo occhio. Poi immerge un altro pezzo di stoffa in un liquido che sembra vino e gli bagna le labbra con esso.

Alla destra di Giuseppe, Gesù risolleva rapidamente e con cura il corpo cadente di Giuseppe sui cuscini, sistemandoli con l'aiuto di Maria. Poi accarezza la fronte dell'uomo morente e cerca di confortarlo.

Grosse lacrime, come brillanti zaffiri, scendono silenziosamente sulle guance pallide di Maria e sul

Suo abito blu scuro, mentre piange silenziosamente.

Ridestandosi in qualche modo, Giuseppe guarda in alto verso Gesù, prende la Sua mano come se volesse dire qualcosa e per ricevere forza per quest'ultima prova dal suo Figlio divino. Gesù si china sulla mano e la bacia, facendo sorridere Giuseppe.
Poi, guardandosi intorno, Giuseppe cerca Maria e sorride anche a Lei. Maria cerca di ricambiare il sorriso di Giuseppe dalla Sua posizione inginocchiata accanto al letto, non ci riesce e, invece, piega la testa. Giuseppe posa la sua mano sulla Sua testa chinata con una candida carezza che sembra una benedizione.

Tutto intorno a loro è in silenzio, ad eccezione dello svolazzare e del tubare delle colombe, il fruscio delle foglie e il gorgoglio dell'acqua fuori... e il respiro dell'uomo morente nella stanza.

Gesù va dall'altra parte del letto, prende uno sgabello e fa sedere Maria, ancora una volta dicendo semplicemente "Madre!"

Poi ritorna al Suo posto, prende la mano di Giuseppe nella Sua e, chinandosi sull'uomo morente, gli sussurra questo salmo:

"*Veglia su di me, o Signore, perché ho avuto speranza in Te....*

*In favore dei suoi amici che hanno vissuto sulla sua terra*

*egli ha adempiuto a tutte le mie volontà meravigliosamente...*

*Io benedirò il Signore che è mio consigliere...*

*Il Signore è sempre innanzi a a me.*

*E' alla mia destra in modo che io non possa cadere.*

*Pertanto il mio cuore esulta e la mia lingua si rallegra ed anche il mio corpo riposerà in pace.*

*Perché Tu non abbandonerai la mia anima*

*nella dimora dei morti,*

*né permetterai al tuo amico di vedere la corruzione.*

*Tu mi rivelerai il cammino della luce*

*e mi riempirai di gioia mostrandomi il Tuo volto."*

Risollevandosi un po', Giuseppe guarda il suo Figlio adottivo, Gli sorride vivacemente e Gli stringe le dita. Gesù ricambia con un Suo sorriso e una carezza. E, ancora chinato sul Suo padre adottivo, prosegue dolcemente:

*"Quanto amo i Tuoi Tabernacoli, o Signore.*

*La mia anima brama e si strugge per le corti del Signore.*

*Anche il passero ha trovato una casa*

*e la piccola colomba un nido per il suo piccolo.*

*Desidero i tuoi Altari, signore.*

*Sono felici coloro che vivono nella Tua casa...*

*felice è l'uomo che trova la sua forza dentro di Te.*

*Egli ha infuso nel suo cuore le salite*

*dalla valle di lacrime al luogo prescelto.*

*O Signore ascolta la mia preghiera...*

*O Dio, volgi il Tuo sguardo e guarda il volto del Tuo Unto..."*

Giuseppe singhiozza, guarda Gesù e fa uno sforzo per parlare come per benedirlo ma non ci riesce. E' chiaro che comprende ma non è in grado di parlare. Ma è felice e guarda il suo Gesù con vivacità e fiducia.

Gesù va avanti:

"Oh! Signore, Tu hai favorito il Tuo paese,

Hai ristabilito la sorte di Giacobbe...

Mostraci, o Signore, la Tua misericordia e riportaci il Tuo Salvatore.

Voglio ascoltare ciò che il Signore mi dice.

Egli parlerà certamente di pace al Suo popolo,

per i Suoi amici e per coloro che convertiranno a Lui i loro cuori.

Sì, il Suo aiuto salvifico è vicino...

e la gloria vivrà nel nostro paese.

L'amore e la lealtà si sono ora incontrati,

la rettitudine e la pace si sono ora abbracciati.

La lealtà sale dalla terra

e la rettitudine scende dal Paradiso.

Sì, il Signore in persona dona felicità e la nostra terra dona il suo raccolto.

*La rettitudine Lo precederà sempre e lascerà le sue orme sul cammino."*

"Hai visto quell'ora, padre, e ti sei adoperato per essa..." Dice Gesù "... Hai cooperato alla formazione di questa ora e per questo il Signore ti ricompenserà. Ti dico questo. E Gesù asciuga una lacrima di gioia che scende sulla guancia di Giuseppe.
Poi riprende:

*"O Signore, ricorda Davide e tutta la sua gentilezza.*

*Come giurò al Signore: Io non entrerò nella mia casa,*

*né salirò sul letto del mio riposo, né concederò ai miei occhi il sonno,*

*né darò riposo alle mie palpebre, né pace alle mie tempie*

*finché non avrò trovato un posto per il Signore, una casa per il Dio di Giacobbe...*

*Alzati, o Signore e vieni al luogo del Tuo riposo,*

*Tu e la Tua Arca di Santità..."*


Maria comprende e scoppia in lacrime.

*"Possano i Tuoi sacerdoti vestirsi di virtù e il Tuo devoto urlare di gioia.*

*Per la salvezza del Tuo servitore Davide,*

*Non privarci del volto del Tuo Unto.*

*Il Signore ha giurato a Davide e terrà fede alla Sua parola:*

*'Io metterò sul tuo trono il frutto del tuo seno'.*

*Il Signore ha scelto la Sua dimora...*

*Io farò nascere un germoglio per Davide,*

*accenderò una torcia per il Mio Unto."*

"Grazie padre da parte Mia e da parte di Mia Madre. Tu sei stato un padre Giusto per Me e il Padre Eterno ti ha scelto come custode del Suo Cristo e della Sua Arca. Tu sei stato la torcia accesa per Lui e per il frutto del santo grembo, tu hai avuto un cuore amorevole. Vai in pace, padre. La Tua Vedova non resterà indifesa. Dio ha disposto che Ella non sarà sola. Va' in pace al tuo riposo, io ti dico" dice Gesù.

Maria piange con il Suo volto sepolto nei mantelli che fanno da coperte, distese sul corpo di Giuseppe, che ora sta diventando sempre più freddo. Egli ora respira a fatica e Gesù si affretta a confortarlo mentre il suo sguardo si affievolisce di nuovo.

*"Felice è l'uomo che teme il Signore*

*e gioiosamente tiene fede ai Suoi comandamenti...*

*La sua rettitudine durerà per sempre.*

*Per il giusto Egli si illumina come una lampada nel buio,*

*Egli è misericordioso, tenero, virtuoso...*

*L'uomo giusto sarà ricordato per sempre.*

*La sua giustizia è eterna e il suo potere si innalzerà e diverrà una gloria..."*

"Tu, padre, avrai quella gloria. Io verrò presto a condurti, con i Patriarchi che ti hanno preceduto, verso la gloria che ti attende. Possa il tuo spirito rallegrarsi nella Mia parola."

"Chi vive nel rifugio del Supremo,

vive sotto la protezione del Dio del Paradiso."

"Tu vivi lì, o padre."

*"Egli mi ha salvato dalle trappole dei cacciatori e dalle parole dure.*

*Ti coprirà con le Sue ali*

*e sotto le Sue piume troverai rifugio.*

*La Sua verità ti proteggerà come uno scudo*

*e non hai bisogno di temere i terrori della notte...*

*Nessun male ti si avvicinerà perché*

*Egli ha ordinato ai Suoi angeli di vegliare su di te ovunque andrai.*

*Ti reggeranno con le loro mani*

*In modo che tu non possa urtare i tuoi piedi sulle rocce.*

*Tu camminerai su leoni e vipere,*

*Tu calpesterai leoni selvaggi e draghi.*

*Perché hai avuto speranza nel Signore,*

*Egli ti dice, o padre, che ti libererà e ti proteggerà.*

*Perché tu hai alzato la voce per Lui, Egli ti ascolterà,*

*Sarà con te nella tua ultima pena,*

*ti glorificherà dopo questa vita,*

*mostrandoti anche ora la Sua Salvezza."*

"E nella vita futura, Egli ti lascerà entrare, grazie al Salvatore Che ora ti conforta e Che, molto presto, oh! Io lo ripeto, Egli verrà molto presto a stringerti nel Suo abbraccio divino e a portarti, in testa a tutti i Patriarchi, dove è stata preparata la dimora per il Giusto uomo di Dio che è stato il Mio padre benedetto."

Mentre Giuseppe affonda nelle nebbie della morte, Gesù alza la voce per raggiungere il cuore di Giuseppe, la cui fine è imminente, il suo respiro è ora doloroso e affannoso mentre Maria lo accarezza.

"Precedimi e di' ai Patriarchi che il Salvatore è nel mondo e che il Regno del Paradiso sarà presto aperto a loro. Va', padre, che la Mia benedizione ti accompagni."

Seduto sul bordo del lettino, Gesù abbraccia e avvicina a sé l'uomo morente, che collassa e spira serenamente.

Una pace solenne regna nella piccola stanza. Gesù distende di nuovo il Patriarca e abbraccia Maria, Che nell'ultimo istante, con il cuore spezzato, si è avvicinata a Gesù.

Estratto da "La Città Mistica di Dio"
Da Venerabile Maria di Gesù di Agreda.

Maria soffre amaramente per la perdita del Suo sposo che Ella ha amato profondamente, a cui Ella ha dedicato ventisette anni di vita fedele e che, per Lei, è stato un padre, uno sposo, un fratello, un amico e un protettore.

Ora, sola come il germoglio di una vite quando l'albero a cui è legato viene tagliato, è come se la Sua casa fosse stata colpita da un tuono e si crepasse. Una volta era un'unità in cui i membri si supportavano l'un l'altro, ora il suo muro portante non c'è più, un primo colpo per la Famiglia e un segno dell'imminente partenza del Suo Adorato.

Ancora una volta, la volontà del Padre Eterno Le si impone nella vedovanza, esigendo la separazione dalla Sua Creatura. E, nella stessa piccola casa a Nazaret dove ventisette anni prima Ella era divenuta Sposa e Madre, in lacrime, Ella dà la stessa sublime risposta:

"Sì. Sì, Signore, fa che si disponga di Me secondo la Tua parola."

Per la forza da dare a tale risposta, Maria si è avvicinata a Gesù negli ultimi attimi di vita di Giuseppe, in modo che Essa possa sempre essere unita a Dio nelle ore più dure della Sua vita; come fu al Tempio, quando Le fu chiesto di sposare Giuseppe, a Nazaret quando fu chiamata alla maternità, ancora adesso a Nazaret nella terribile separazione da Suo Figlio, come sarà sul Calvario, guardandolo impotente mentre viene torturato e poi vedendolo morire.

# Commiato Da Sua Madre E Partenza Da Nazaret

Estratto da "La Città Mistica di Dio"
Da Venerabile Maria di Gesù di Agreda.

Poiché è impossibile per gli uomini e per gli angeli misurare l'amore di Maria per Suo Figlio, ricorriamo alle Sue azioni e alle Sue gioie e ai Suoi dolori come parametro per misurare questo amore.

Perché Ella ama Gesù come Figlio del Padre Eterno, uguale a Lui in essenza e in tutti gli attributi e le perfezioni divine. Ella Lo ama come Suo Figlio naturale in quanto uomo fatto della sua stessa carne e dello stesso sangue. Lo ama perché, in quanto uomo, Egli è il santo di tutti i Santi e la causa di tutta la santità. Lo ama perché Egli è il più bello di tutti i figli degli uomini, il più diligente Figlio della Propria Madre e il Suo più eccelso Campione poiché è il Suo essere figlio che l'ha elevata alla più alta dignità possibile tra le creature, e l'ha elevata al di sopra di tutti con i tesori della Sua Divinità, l'ha decorata del Suo dominio su tutto il creato con i favori, le benedizioni e le grazie come mai prima o dopo sia stato fatto con un altro essere.

Ella comprende pienamente ed è grata per tutte le ragioni del Suo amore, assieme a molte altre che solo il Suo amore superiore può apprezzare. Nel suo cuore, non c'è ostacolo o limitazione all'amore poiché è molto innocente e puro; Ella è grata perché la Sua profonda umiltà la spinge ad un'osservanza più fedele, Ella non è negligente perché è piena di grazia ed entusiasmo per servire coscienziosamente. Né Ella dimentica, poiché la sua memoria fedele è costantemente fissa sulle benedizioni ricevute e le ragioni e la dottrina del più profondo amore. Ella si muove nella stessa sfera dell'amore divino poiché vive nella Sua visibile presenza, segue la scuola del divino amore di Suo Figlio, imitandolo in tutto proprio in Sua compagnia.

Non manca nulla a Questa amante senza pari per coltivare amore senza limitazione in misura o maniera; questa bellissima Luna, ora piena e rivolta a questo Sole di giustizia, che si è elevato, come un'aurora divina, sempre più in alto ed ora è al suo splendore di mezzogiorno, con la luce più chiara della grazia. Questa Luna, Maria, staccata da tutte le creature materiali e interamente trasformata dalla luce di questo Sole, avendo fatto esperienza per Sé, di tutti gli effetti del Suo amore reciproco, dei Suoi favori e doni. In questa altezza della Sua benedizione, in un tempo in cui la perdita di tutte queste benedizioni in Suo Figlio lo rende più doloroso, Ella sente la voce del

Padre Eterno che La chiama come un tempo chiamò Abramo e Le chiede il Suo adorato Isacco, il depositario di tutto il Suo amore e di tutta la Sua speranza.

Maria non era ignara del fatto che l'ora del Suo sacrificio era vicina, poiché Gesù aveva già compiuto trent'anni e il tempo e il luogo per pagare il debito che si era assunto sono alle porte. Ma, nel pieno possesso del Tesoro che è tutta la Sua felicità, Maria considera ancora lontana la Sua perdita. Tuttavia, l'ora è giunta ed Ella viene rapita da una visione, viene posta in presenza del trono della Santa Trinità e da esso si ode una voce di meravigliosa potenza che dice:

**"Maria, Mia Figlia e Sposa, offri a Me il Tuo Figlio Unigenito in sacrificio."**

Con il potere vivo di queste parole, Ella riceve luce, intelligenza e comprensione della volontà dell'Onnipotente e del decreto della Redenzione dell'uomo attraverso la Passione e la Morte di Suo Figlio, assieme a tutto ciò che accadrà da ora in avanti nella sua predicazione e nella sua vita pubblica. Tutta questa conoscenza viene rinnovata e perfezionata in Lei, Ella senta la Sua anima sopraffatta da sentimenti di soggezione, umiltà, amore di Dio e dell'uomo, compassione e tenero dolore per tutto ciò che Suo Figlio soffrirà.

Ma, con un cuore saldo e caritatevole, Ella risponde all'Onnipotente:

*"Eterno Re e onnipotente Dio di infinita saggezza e bontà, tutto ciò che è stato al di fuori di Te esiste solo per la Tua misericordia e grandezza, e tu sei l'immutato Signore di tutti. Come dunque puoi Tu ordinare a Me, un insignificante verme della terra, di sacrificare e affidare alla Tua volontà il Figlio che la tua condiscendenza mi ha donato?...*

*Egli è Tuo, Padre Eterno, poiché da tutta l'eternità prima della stella del mattino Tu Lo hai fatto sorgere e Tu Lo possiedi e Lo avrai per tutta l'eternità e se io L'ho vestito come servitore nel mio grembo e dal mio stesso sangue, e se ho nutrito l'umanità al mio seno e ho provveduto ad essa come una Madre: questa santissima umanità è anche di Tua proprietà, e così anch'io, poiché ho ricevuto da Te tutto ciò che sono e che ho potuto donare a Lui...*

*Cosa posso quindi offrirti, che non sia più Tuo che mio?...*
*Confesso, Re supremo, che la Tua magnificenza e beneficenza sono talmente liberali nel colmare le Tue creature dei Tuoi infiniti tesori, che per legarti a loro Tu intendi ricevere da loro come dono gratuito, persino il Tuo stesso Figlio Unigenito, Colui Che Tu hai creato della Tua stessa sostanza e dalla luce della Tua Divinità. Con Lui ho ricevuto tutte le benedizioni e dalle Sue mani ricevo immensi doni e grazie; Egli è la Virtù della mia virtù, la Sostanza del mio spirito, la Vita della*

mia anima e l'Anima della mia vita, il Nutrimento di tutta la mia gioia di vivere. Sarebbe un dolce sacrificio, in realtà, consegnarlo a Te che sei l'unico a conoscere il Suo valore; ma consegnarlo, per soddisfare le Tua giustizia, nelle mani dei suoi crudeli nemici a costo della Sua vita, più preziosa di tutte le opere del creato; questo in realtà, Signore supremo, è un grande sacrificio che Tu chiedi a Sua Madre...
Tuttavia sia fatta la tua e non la mia volontà. Sia in questo modo ottenuta la libertà della razza umana; siano soddisfatte la Tua giustizia ed equità; sia manifestato il Tuo amore infinito; sia conosciuto il Tuo nome e sia esso magnificato innanzi a tutte le creature...
Io Lo consegno nelle Tue mani innanzi a tutte le creature. Io consegno nelle Tue mani il mio adorato Isacco, in modo che Egli possa essere realmente sacrificato;...
Io offro mio Figlio, il frutto del mio seno, affinché, secondo il decreto irrevocabile della Tua Volontà, Egli possa pagare il debito contratto non per sua colpa, ma per i figli di Adamo, e affinché con la Sua morte Egli possa adempiere a tutto ciò che i Tuoi santi Profeti, da Te ispirati, hanno scritto e predetto."

Questo, il più grande e più accettabile sacrificio che sia mai stato o mai sarà compiuto per il Padre eterno dall'inizio alla fine del creato, oltre a quello che sarà compiuto dal Suo stesso Figlio, il Redentore; e a cui è strettamente connesso ed è simile a ciò che Egli offrirà.

Se la carità più grande è offrire la vita di qualcuno per chi si ama, allora senza dubbio, la carità di Maria supera di gran lunga questo grado supremo di amore verso gli uomini perché Ella ama Suo Figlio molto più della Sua stessa vita. Come Cristo disse a Nicodemo (Giovanni 15,7): Come Dio amava così tanto il mondo da donare il Suo santo Figlio affinché nessuno di coloro che credevano in Lui potesse morire, così è in proporzione per Maria, Madre di misericordia, Che ama l'umanità a tal punto da donare il Suo unico Figlio per la sua salvezza. E se il Suo sacrificio non fosse stato offerto in tale maniera quando Le fu chiesto, la salvezza degli uomini non sarebbe stata compiuta, in quanto questo decreto sarebbe stato realizzato a condizione che la volontà della Madre coincidesse con quella del Padre Eterno. Tale è il debito che i figli di Adamo devono a Maria.

Avendo accettato il sacrificio di Maria, Dio La conforta con il pane di vita della conoscenza paradisiaca, in modo che con coraggio invincibile Ella possa assistere l'Incarnazione del Verbo nel lavoro di Redenzione come Co-redentrice. Pertanto, ancora nella stessa visione, Maria è elevata in un'estasi ancora più esaltata, in cui alla limpida luce dell'essenza di Dio, Ella comprende il desiderio di Dio di comunicare i suoi tesori all'umanità attraverso le opere dell'Incarnazione del Verbo e vede le glorie che queste opere porteranno nel nome di Dio. Questa conoscenza riempie la Sua anima di così tanto giubilo che Ella rinnova l'offerta del Suo Figlio divino al Padre.

Quando si ridesta da tale visione, per i suoi effetti e per la forza da essa ricevuta, Ella è ora pronta a separarsi dal Suo Figlio divino, Che, da parte Sua, ha già deciso il Suo battesimo e il Suo digiuno nel deserto.

Egli chiama Sua madre e Le parla con amore e compassione dicendo:

*"Madre mia, io traggo interamente dalla Tua sostanza e dal Tuo sangue la mia esistenza come uomo, di cui ho assunto la forma di servitore nel Tuo grembo verginale. Tu mi hai anche nutrito al Tuo seno e ti sei presa cura di Me con le Tue fatiche e il Tuo sudore. Per questa ragione Io Mi considero Tuo Figlio più di chiunque altro abbia mai riconosciuto o mai riconoscerà se stesso come figlio della propria madre. Concedimi il Tuo Permesso e acconsenti affinché io possa adempiere alla volontà del mio Eterno Padre. E' già giunto il momento in cui io devo lasciare il dolce legame con Te e la Tua dolce compagnia e dare inizio all'opera di Redenzione dell'uomo. L'ora del riposo è finita e l'ora della sofferenza per la salvezza dei figli di Adamo è giunta. Ma io intendo compiere quest'opera di mio Padre con la Tua assistenza e Tu dovrai essere la mia compagna e aiutante nel prepararmi alla mia Passione e Morte sulla*

*Croce. Sebbene io ora debba lasciarti sola, la mia benedizione e il mio amore e la mia potente protezione resteranno con Te. In seguito, io ritornerò a chiederti assistenza e compagnia nelle mie fatiche; perché io dovrò affrontarle nella forma umana che Tu mi hai donato.*

Con queste parole, Gesù getta le sue braccia attorno al collo di Sua Madre ed essi si confortano a vicenda mentre Madre e Figlio versano copiose lacrime.

Poi Maria si getta ai Suoi piedi e risponde:
*"Mio Signore ed eterno Dio: Tu sei certamente mio Figlio e in Te si realizza tutta la forza dell'amore che ho ricevuto da Te: la mia anima è spalancata dal profondo agli occhi della Tua divina saggezza. Mi preoccuperei poco per la mia vita, se servisse a salvare la Tua, o se potessi morire per Te molte volte. Ma la volontà del Padre Eterno e di Te stesso deve essere compiuta ed io offro la mia stessa volontà in sacrificio per questo adempimento. Ricevila, mio Figlio e Maestro di tutta la mia esistenza; lascia che sia un'accettabile offerta, e lascia che la Tua protezione divina non manchi mai per me. Sarebbe un sacrificio ancora più grosso per me, se mi fosse permesso di accompagnarti nelle tue fatiche e nella Tua Croce. Che io possa meritare questo favore, Figlio mio, e io Lo chiedo a Te come Tua vera Madre e in cambio della forma umana, che Tu hai ricevuto da me."*

Avendo chiesto di essere partecipe delle sofferenze e delle fatiche di Cristo, la Sua richiesta viene soddisfatta e dal momento in cui Cristo comincia la Sua Missione, Ella sarà privata dei gesti di tenerezza che finora sono stati consueti tra Madre e Figlio e che sono stati la Sua gioia. Egli comincia a trattare Maria con grande riserbo, rivolgendosi a Lei persino con l'appellativo di 'Donna' anziché 'Madre' come farà anche alle nozze di Cana ed anche sul Golgota, come ricercato raffinamento del Suo affetto per assimilarla nelle Sue sofferenze.

Risolta tale questione, Madre e Figlio si preparano a separarsi.

Fine estratto.

E' il Suo ultimo pasto a casa prima che la Sua missione cominci. Servito nella stanza principale a Nazaret, che è anche la stanza dove la famiglia riposa. Nella stanza si trova un semplice tavolo rettangolare, dall'altra parte del quale si trova un baule che fa anche da sedile, posto contro il muro. Nella stanza si trovano anche il telaio di Maria e uno sgabello accanto a un muro, ed altri due sgabelli e una libreria che contiene anche lampade ad olio e altri oggetti.

Attraverso la porta aperta che conduce nell'orto, i deboli raggi del sole della sera illuminano il fogliame in cima a un albero su cui cominciano a spuntare le prime foglie verdi.

Gesù è seduto al tavolo per la cena servito da Maria, che va avanti e indietro dalla cucina. Dal Suo posto, Egli vede il camino attraverso la porta aperta. Sul tavolo, c'è già del pane schiacciato marrone scuro, un'anfora con dell'acqua e un calice. Maria serve delle verdure bollite e, più tardi, del pesce arrosto ed infine del morbido formaggio fresco simile a sassolini rotondi, servito con delle piccole olive nere. Due o tre volte, Gesù chiede a Maria di sedersi a mangiare con Lui, ma Lei ogni volta scuote la testa, sorridendo tristemente.
Silenziosamente, Egli mangia, guardando con tristezza Sua Madre Che, anch'Ella visibilmente triste, va avanti e indietro solo per tenersi occupata.
Sebbene sia ancora giorno, Ella accende una lampada e la mette sul tavolo accanto a Gesù, accarezzandogli leggermente la testa. Poi, aprendo uno zaino color nocciola scuro fatto di pura lana impermeabile, vi guarda dentro, torna nel ripostiglio dall'altra parte della cucina e ritorna con delle mele secche conservate dalla scorsa estate e le mette nello zaino, aggiungendo una pagnotta e del formaggio, sebbene Gesù dica di non volerne in quanto c'è già cibo a sufficienza nel Suo zaino.

Poi Ella si avvicina al lato corto del tavolo e, restando alla Sua sinistra, con il viso più pallido del solito, Lo guarda cenare con amore e adorazione; con i Suoi occhi temporaneamente invecchiati per il dolore, stanchi, cerchiati, afflitti, più grandi e più luminosi per le lacrime già versate e per le lacrime che ne sgorgano.

Gesù, più pensieroso del solito, mangia lentamente, non per fame ma per far piacere a Sua Madre. Ed ora, sollevando il capo, guarda Sua Madre, i loro occhi si incontrano e, vedendo che gli occhi di Lei sono pieni di lacrime, Egli piega di nuovo la testa in modo che Ella possa essere libera di piangere. Me Egli prende la Sua mano sottile, posata sul tavolo, con la Sua mano sinistra, la solleva fino alla Sua guancia e si strofina la guancia e il volto per sentire la carezza della povera mano tremante, e la bacia sul dorso con amore e rispetto.

Maria trattiene un singhiozzo con la mano sinistra e si asciuga con le dita le lacrime che scorrono sul Suo viso.

Gesù torna al Suo pasto e Maria esce nell'orto, ora avvolto dal crepuscolo. Gesù smette di mangiare e, alzando il gomito sinistro sul tavolo, poggia la fronte sulla mano, immerso nei pensieri.

Poi ascolta, si alza dal tavolo e segue Maria fuori. Si guarda intorno, poi va verso destra ed entra nella bottega da carpentiere, ora in ordine; senza tavole o trucioli in giro, il fuoco spento e gli attrezzi messi da parte.

Piegata sul grande tavolo da lavoro, con la testa appoggiata al braccio piegato, Maria piange silenziosamente ma dolorosamente. Gesù Le si avvicina così piano che Ella non si accorge che è lì finché Egli non posa la Sua mano sulla Sua testa abbassata. "Madre!" Egli dice semplicemente e, nella Sua voce, si avverte un delicato rimprovero affettuoso.

Maria solleva la testa e guarda Gesù attraverso un velo di lacrime. Poi si appoggia al Suo braccio destro con le mani giunte come in preghiera. Gesù Le asciuga il volto con l'orlo della sua ampia manica e poi La abbraccia, stringendola al cuore e baciandole la fronte, maestoso e virile mentre Maria, tranne che per il Suo volto straziato dal dolore, sembra una ragazzina.

"Vieni, Madre" Le dice Gesù e, stringendola con il Suo braccio destro, tornano fuori nell'orto e si siedono insieme su una panca posta contro il muro della casa. L'orto è ora silenzioso e buio, illuminato solo dal chiaro di luna e dalla luce che proviene dalla casa. La notte è serena. Gesù parla piano con Maria - un semplice sussurro, e Maria ascolta e annuisce:

"... E fai venire i Tuoi parenti. Non restare qui da sola. Io sarò più felice, Madre, e Tu sai quanto io abbia bisogno di serenità per compiere la mia missione... non ti mancherà il Mio amore. Io verrò piuttosto spesso e Ti informerò, nel caso in cui io non possa tornare a casa, di quando tornerò in Galilea. Allora verrai Tu da Me, Madre... Questo momento doveva arrivare. E' iniziato quando Ti è apparso l'angelo; l'ora scocca adesso e dobbiamo viverla, Madre, non è vero?...

... Dopo che avremo superato la prova, avremo pace e gioia. Prima, dobbiamo attraversare questo deserto come fecero i nostri Antenati prima che entrassero nella Terra Promessa. E il Signore Dio ci aiuterà come aiutò loro... ci assicurerà il Suo aiuto come una manna spirituale per nutrire le nostre anime nel momento difficile della prova... Diciamo il Padre Nostro insieme..."

Si alzano e guardano in alto al Paradiso: due vittime viventi che brillano nel buio. Con le mani di Maria giunte, e le mani di Lui distese come un sacerdote, lentamente, con voce limpida, Gesù pronuncia la preghiera del Signore, enfatizzando "Venga il Tuo Regno" e poi, dopo una pausa, anche "Sia fatta la Tua volontà".

Tornano in casa.

Gesù versa del vino, da un'anfora sulla libreria, in un calice e posa il calice sul tavolo. Poi prende la mano di Maria e la fa sedere accanto a sé e Le fa bere un po' di vino, in cui Egli immerge una fettina di pane e, dopo un po' di resistenza, glielo fa mangiare. Gesù vuota il calice. Poi, afferrando Sua Madre al Suo fianco, la stringe al Suo cuore e restano seduti così per un po', silenziosi... in attesa. Maria accarezza la mano destra di Gesù e le Sue ginocchia e Gesù Le da' un colpetto sul braccio e sulla testa. Dopo un po', Gesù si alza e Maria fa lo stesso. Si abbracciano e si baciano con affetto ripetutamente. Ogni volta che sembrano sul punto di separarsi, Maria abbraccia di nuovo e ancora la Sua Creatura; la Madre sofferente, Che deve separarsi da Suo Figlio, ben sapendo cosa li attende.

Gesù mette sulle spalle il Suo mantello blu scuro, si infila il cappuccio e porta lo zaino sulla schiena per camminare con le mani libere. Maria Lo aiuta e prende tempo nel sistemargli la tunica, il mantello e il cappuccio, ritardando l'inevitabile.

Gesù fa un segno di benedizione nella stanza e poi va verso la porta. Sulla porta aperta si baciano ancora una volta. Poi Gesù parte nella notte e nella strada silenziosa, una figura solitaria che si allontana nel bianco chiaro di luna.

Con i Suoi primi passi fuori casa, Gesù alza gli occhi al Paradiso e offre con infinito amore al Padre tutto ciò che Egli è in procinto di affrontare per la salvezza dell'umanità; le sue fatiche, i suoi dolori, la passione e la morte sulla croce e il dolore naturale di separarsi, quale Figlio vero e amorevole, da Sua Madre, della Cui dolce compagnia Egli ha goduto per anni.

Maria, appoggiata allo stipite, più pallida dei raggi della luna, Lo guarda allontanarsi sempre più lungo la stretta strada bianca. Per due volte, Egli si volta a guardare Sua Madre ancora appoggiata, piangente, allo stipite, guardandolo partire attraverso il Suo velo di lacrime. Poi Gesù scompare ad una curva... l'inizio del Suo percorso Evangelico, che terminerà al Golgota.

Maria torna in casa, ancora in lacrime, e chiude la porta... Anche Ella ha iniziato il Suo percorso che La porterà al Golgota.

... Per l'umanità, che rimane ingrata verso Quei Due
Che hanno scalato il Calvario per essa.

Gesù parte alla ricerca del Battista per essere battezzato sulle rive del Giordano. Prima che arrivi al Giordano, Egli illumina il Battista di nuova luce e gioia, dandogli una visione più chiara dell'unione ipostatica della persona del Verbo con l'umanità di Cristo ed altri misteri della Redenzione, che provocano stupore nel Battista e lo fanno riflettere su di essi, dicendo:

*"Quale mistero è questo? Quali presagi di felicità? Dal momento in cui ho riconosciuto il mio Signore nel grembo di mia Madre, non ho sentito una tale commozione nella mia anima come ora! E' possibile che Egli sia ora felicemente arrivato? Che il Salvatore del mondo sia ora accanto a me?"*

## Gesù Viene Battezzato Nel Giordano

Il letto ampio e poco profondo del Giordano trasporta lentamente le sue acque blu verso sud, con il colore verdastro dell'acqua lungo i bordi che proviene dalla rigogliosa vegetazione verde che cresce sul suolo umido del basso argine. Il movimento dell'acqua è appena sufficiente ad evitare la formazione di paludi, il suo flusso omogeneo, che testimonia l'assenza di rilievi nel letto del fiume, si riflette anche nella vasta campagna pianeggiante e arida all'estrema sinistra del fiume Giordano che costituisce il deserto di Giuda; una terra vuota e desolata disseminata di sassi e detriti come un terreno alluvionale dopo un'inondazione. Non sono visibili case né campi coltivati ma, qua e là, alcuni arbusti crescono a gruppi dove il terreno è meno prosciugato.

Qui sul lato destro del fiume, nelle vicinanze di Betania, anche detta Betaraba, c'è una grande pace, speciale e inusuale, come di un posto pieno dei ricordi degli angeli che battono le ali e di voci paradisiache, un posto che comunica con l'anima.

Lentamente, una folla si raduna sulla riva destra del fiume; uomini di ogni estrazione sociale, vestiti in modo diverso; alcuni in maniera ordinaria, alcuni di aspetto ricco, e alcuni Farisei che indossano tuniche ornate di frange e trecce.

In mezzo alla folla, erto su un podio roccioso, si trova un uomo alto e scuro, che indossa un copricapo di cammello, che recita un sermone con voce tonante. E' Giovanni il Battista, il Precursore, e il suo sermone è serioso poiché con le sue parole, i suoi toni e i suoi gesti, egli annuncia l'arrivo del Messia, incitando la gente a preparare i propri cuori, ad abbattere le barriere e a cambiare i propri pensieri. E' un sermone violento e duro declamato come da un dottore che scopre una ferita, la esamina e poi la incide spietatamente.

Su un antico e ben battuto stretto sentiero, che corre parallelo alla fila di cespugli verdi su questa riva, Gesù, da solo, camminando lentamente e silenziosamente, si avvicina al Battista alle sue spalle, ascoltando la voce tonante del Penitente del deserto, proprio come uno dei tanti venuti da Giovanni ad essere battezzati e purificati per l'arrivo del Messia. I vestiti di Gesù sono quelli della gente comune ma il Suo aspetto è la perfezione della bellezza fisica e il Suo portamento è quello di un gentiluomo. Ma non c'è nulla di divino, che sia immediatamente ovvio, che Lo distingua dagli altri.

Ma da Lui deve sprigionarsi una spiritualità speciale che Giovanni percepisce, poiché egli si volta e ne identifica immediatamente la fonte. Impulsivamente, Giovanni scende dal suo podio e si affretta verso Gesù, Che si è fermato a qualche metro di distanza dalla folla ed è appoggiato ad un albero. Oggi è il trentesimo giorno dal suo trentesimo compleanno.

I due uomini si guardano; Gesù, con i Suoi occhi blu profondo, Giovanni con i suoi occhi neri, molto severi, brillanti e frenetici. Entrambi gli uomini sono alti ma la loro somiglianza si ferma lì; mentre Gesù appare maestoso nella Sua semplice tunica, porta i Suoi capelli biondi lunghi e ordinati, che incorniciano il Suo volto pallido come l'avorio, la liscia chioma di Giovanni ricade disordinatamente sulle sue spalle e la sua rada barba scura copre quasi completamente il suo volto, le sue guance sono scavate dal digiuno, la sua carnagione scura, abbronzata e segnata dall'esposizione al clima soleggiato e secco del deserto, e il suo corpo irsuto mezzo nudo nel suo copricapo di cammello che gli copre il busto fino ai fianchi snelli ed è legato in vita da una cintura di cuoio, lasciando il lato destro scoperto e completamente esposto al clima. In apparenza sono uno l'antitesi dell'altro; come un selvaggio e un angelo.

"Ecco l'Agnello di Dio!" Esclama Giovanni dopo averlo scrutato. E, inchinandosi a Gesù, aggiunge "... Perché il mio signore viene da me?"

"Per compiere il rito della penitenza" risponde Gesù, serenamente.

"Mai, mio Signore. Io devo venire da Te per essere santificato, e Tu vieni da me?"

"Lascia che sia fatto come io desidero..." dice Gesù, posando la Sua mano sulla testa chinata di Giovanni "... in modo che tutta la giustizia sia realizzata e che il tuo rito possa diventare l'inizio di un mistero più elevato... E gli uomini possano essere informati che la vittima è nel mondo."

Giovanni guarda Gesù con occhi ora addolciti dalle lacrime e poi gli fa strada fino alla riva del fiume dove Gesù si toglie il mantello e la tunica. Indossando solo un paio di pantaloni corti, Gesù entra nelle acque basse del fiume Giordano dove, utilizzando una tazza fatta con il guscio vuoto di una zucca secca che tiene legata alla cintura, Giovanni versa dell'acqua del fiume sulla testa di Gesù, battezzandolo. In questo momento, il Paradiso si apre e una Colomba divina scende su di Lui Che dovrà battezzare gli uomini con quella Colomba, e un'annunciazione più potente di quella dell'angelo si sente provenire dal Paradiso, dal Padre Eterno:

"Questo è il Mio Figlio adorato di cui Io sono ben Appagato."

Molti degli astanti sentono la voce, inclusi coloro che non sono meritevoli di tale favore e vedono anche lo Spirito Santo discendere sul Salvatore, perché questa manifestazione è concessa senza riserve.

Bianco, mite e modesto, l'Agnello di Dio risale la riva, indossa i Suoi vestiti e si concentra in preghiera mentre Giovanni Lo indica alla folla dicendo loro di averlo riconosciuto dal segno che lo Spirito di Dio gli ha mostrato come mezzo infallibile per riconoscere il Redentore.

Questa è la terza manifestazione di Cristo al mondo dopo la Sua nascita; attraverso i Magi, Simeone al Tempio ed ora attraverso il Battista.

Nei successivi tre anni, la terra natia di Gesù sarà costellata di Sue manifestazioni come semi sparsi ai quattro venti; in ogni condizione e classe sociale, fino agli ultimi: La Sua Resurrezione e Ascensione al Paradiso: ai pastori e ai potenti, agli scolari e agli scettici, agli ebrei e ai gentili, a sacerdoti e peccatori, a dominatori, soldati e bambini.

E continuano, ancora oggi. Ma, come in passato, il mondo non accetterà le manifestazioni attuali e dimenticherà quelle passate. Ma Gesù dice che non si arrenderà; Egli si ripeterà per salvare gli uomini, per persuaderli ad avere fede in Lui, non più limitandosi alle parole, che stancano e distaccano gli uomini, ma ricorrendo anche alle visioni, per chiarire il Suo

Vangelo, dando a tutti la possibilità di conoscerlo.

E se, come bambini crudeli, essi dovessero gettare via il dono senza comprenderne il valore, allora resterà loro la Sua indignazione.

Allora, dice Gesù: "Io sarò in grado di ripetere ancora il vecchio rimprovero: 'Abbiamo suonato per voi e voi non avete ballato; abbiamo cantato dei requiem e non avete pianto.' Ma non importa. Non importa. Lasciate che loro, gli inconvertibili, accumulino carboni ardenti sulle loro teste..."

## Gesù Viene Tentato Dal Diavolo Nel Deserto

Nel profondo dell'arido deserto che si estende sul lato sinistro del fiume Giordano, non c'è altro che solitudine, sassi e terra talmente riarsa da essere divenuta polvere giallastra che si solleva continuamente in piccole scie di vento, in piccoli mulinelli caldi e secchi come il respiro di una bocca febbricitante. I mulinelli sono molto molesti poiché penetrano nelle narici e nella gola di chiunque in questo luogo ostile.

Nonostante le avversità, alcuni piccoli arbusti spinosi sopravvivono nella desolazione, scarsamente disseminati qua e là come piccoli ciuffi casuali di capelli che sopravvivono su una testa calva. In alto, il cielo spietatamente blu. In basso, terra arida, pietre e silenzio.

All'interno di una grotta rocciosa formatasi da un'enorme roccia a strapiombo, Gesù è seduto su una pietra che è stata portata nella grotta, appoggiato a un pezzo di roccia sporgente; al riparo dal sole infuocato. Nei precedenti quaranta giorni, la pietra su cui Egli è ora seduto è stata anche il Suo inginocchiatoio e il Suo cuscino quando si concedeva qualche ora di riposo, avvolto nel Suo mantello sotto il cielo stellato, nell'aria gelida della notte. Accanto a Lui, lo zaino che ha portato con sé quando è partito da Nazaret giace vuoto. Gesù stesso è molto magro e pallido.

Estratto da "La Città Mistica di Dio"
Da Venerabile Maria di Gesù di Agreda.

I Suoi quaranta giorni di digiuno sono stati offerti al Padre in espiazione del vizio di gola, così come Egli dominerà ogni vizio con l'esercizio della sua virtù contraria; profonda umiltà per l'orgoglio, povertà volontaria e privazione totale per l'avarizia, penitenza e austerità per la lussuria, mansuetudine e carità verso i Suoi nemici per la rabbia vendicativa, incessanti fatiche per la pigrizia e la negligenza, retta sincerità, onestà e interazioni amorevoli per l'invidia e l'inganno.

In ciascuno dei quaranta giorni, Egli esegue trecento genuflessioni e prega in lode e ringraziamento al Padre, prostrato al terreno in forma di croce.

Tornando a Nazaret, non appena Maria venne a sapere che Gesù era in cammino verso il deserto, anch'Ella si ritirò nella Sua stanza, e il Suo ritiro fu talmente completo che i Suoi vicini pensarono che anch'Ella fosse partita con Suo Figlio. Ella cominciò il Suo Digiuno insieme a Suo Figlio e anch'Ella digiunò per quaranta giorni, emulando Suo Figlio in ogni azione e in sincronia; genuflessioni, prostrazioni e preghiere di lode e ringraziamento, vedendo e comunicando con Suo Figlio attraverso la loro unica e speciale conoscenza interiore ed anche attraverso i loro angeli messaggeri.

Fino al trentacinquesimo giorno di digiuno, Cristo aveva mitigato tutti i tentativi di Satana e della sua banda di scoprire la vera fonte del Suo infinito potere, mostrando solo quanto bastava a provare che Egli, Cristo, è un uomo di santità tanto avanzata da ottenere questi poteri. Ma quando si avvicinò per Lui il momento di entrare in battaglia e affrontare l'orgoglio e la malizia di Satana, Egli offrì al Padre una preghiera di preparazione e nascose i Suoi angeli alla vista di Satana. La Sua battaglia con Satana ebbe inizio il trentacinquesimo giorno del Suo digiuno e durò cinque giorni. La missione principale di Satana era di stabilire una volta per tutte se Gesù era realmente il Cristo, il Figlio di Dio, lo stesso Dio-Uomo che egli, Lucifero, quando era ancora in possesso della sua bellezza angelica, si era rifiutato di conoscere e riverire come suo capo. Se egli avesse potuto stabilire ciò, allora avrebbe anche trovato la Donna, la Madre dell'Incarnazione del Verbo che era destinata a sconfiggerlo. A tal fine, Satana e le sue Legioni traggono coraggio dalla loro stessa arroganza, esercitano tutto il loro potere e la loro malizia, agitandosi con furore contro la forza superiore che trovano in Gesù. Tornando all'inizio della battaglia:

Fine estratto.

PRIMO GIORNO

Seduto con i gomiti sulle ginocchia, con gli avambracci in avanti, le mani giunte e le dita intrecciate, Gesù medita. Ogni tanto, Egli guarda su e intorno, poi guarda il sole che ora è quasi perpendicolare nel cielo blu. Poi chiude gli occhi e si appoggia alla roccia come se avesse avuto un mancamento.

Poi Satana appare, avvolto in una veste beduina e un largo mantello che sembra una tessera da domino, un enorme cappuccio indossato con una maschera. Il suo volto sgradevole appare incorniciato dalle alette bianche del turbante beduino che indossa sul capo. Le alette scendono, lungo le sue guance, sulle sue spalle lasciando solo un piccolo triangolo scuro sul suo volto, con labbra sottili e sinuose e occhi profondi e corvini che potrebbero penetrare e leggere le profondità dell'anima ma in cui non si può leggere nulla. O mistero. Ti pugnalano e bruciano l'anima.

E' l'esatto opposto di Gesù nei cui bellissimi e luminosi occhi blu, anch'essi magnetici e penetranti nel profondo dell'anima, si possono leggere amore e bontà. Essi accarezzano e guariscono.

Satana comincia con una **seduzione sensuale** coperta da un semplice atto di gentilezza che degenera molto rapidamente...

"Sei solo?" chiede Satana, avvicinandosi a Gesù.

Gesù lo guarda ma non dice nulla.

"Come mai ti trovi qui? Ti sei perso?"

Gesù lo guarda di nuovo ma rimane in silenzio.

"Se avessi dell'acqua nella mia fiaschetta, te ne darei un po'. Ma non ne ho nemmeno per me. Il mio cavallo è morto ed ora sto andando a piedi al guado. Prenderò da bere lì, e troverò qualcuno che mi darà del pane... Conosco la strada. Vieni con me, ti porterò lì."

Questa volta, Gesù non lo guarda nemmeno.

"Tu non rispondi; sai che se resterai qui morirai? Il vento sta cominciando ad alzarsi. Ci sarà una tempesta. Vieni.'

Gesù stringe le Sue mani in una silenziosa preghiera.

"Ah! Sei Tu allora? Ti ho cercato per così tanto tempo! E Ti ho osservato a lungo. Da quando sei stato battezzato. Stai chiamando l'Eterno? E' lontano. Tu ora sei sulla terra, in mezzo agli uomini. Ed io regno sugli uomini. Tuttavia, mi dispiace per Te, e voglio aiutarti perché Tu sei così buono, e sei venuto a sacrificarti per niente..."

E Satana si siede di fronte a Gesù, lo scruta con i

suoi occhi terrificanti e Gli sorride con la sua bocca di serpente. Ma Gesù rimane silenzioso e in preghiera.

Estratto da "La Città Mistica di Dio"
Da Venerabile Maria di Gesù di Agreda.

"...Gli uomini Ti odieranno per la Tua bontà. Essi non comprendono altro che oro, cibo e piacere. Sacrificio, dolore e obbedienza sono per loro parole più aride della terra qui attorno a noi... più aride di questa polvere. Solo i serpenti si nascondono qui in attesa di mordere, e gli sciacalli in attesa di strappare in pezzi.

Vieni con me; non vale la pena di soffrire per loro. Io li conosco meglio di te."

Ma Gesù continua a pregare.

Lo sforzo di Satana e delle sue schiere è concentrato sullo stabilire l'identità di questa Persona; Egli è solo un sant'uomo o Egli è il Cristo? Per far questo, essi devono rompere lo scudo che impedisce loro di conoscere la vera fonte del suo potere...

... ma la resistenza si rivela eccessiva per loro e la distrazione infruttuosa.

Fine estratto.

## SECONDO GIORNO

Il secondo giorno, Satana appare vestito di luce come un angelo e, senza troppa formalità, procede con una nuova proposta, tentare **il desiderio**.

"Tu non ti fidi di me ma sbagli. Io sono la saggezza della terra. Posso essere il Tuo insegnante e mostrarti come vincere. Vedi? La cosa importante è vincere. Una volta che ci siamo imposti e abbiamo incantato il mondo, allora possiamo portarli dove vogliono. Ma prima, dobbiamo essere come essi vogliono che noi siamo. Come loro. Dobbiamo allettarli, far credere loro che li ammiriamo e seguire i loro pensieri.

Tu sei giovane e bello. Comincia con una donna; si deve sempre cominciare da lei. Io ho commesso l'errore di indurla alla disobbedienza. Avrei dovuto consigliarla diversamente. L'avrei trasformata in uno strumento migliore e avrei battuto Dio. Avevo fretta.

Ma Tu! Ti insegnerò perché un giorno, io Ti ho guardato con gioia angelica e una frazione di quell'amore è ancora in me, ma Tu devi ascoltarmi e fare uso della mia esperienza. Trovati una donna; se Tu non ci riuscirai, ci riuscirà lei. Tu sei il nuovo Adamo: Devi avere la Tua Eva.

In ogni caso, come puoi comprendere e guarire le

malattie dei sensi se non sai cosa sono? Non sai che è lì che si trova il seme da cui nasce l'albero della cupidigia e dell'arroganza? Perché gli uomini vogliono regnare? Perché vogliono essere così ricchi e potenti?... Per possedere una donna; ella è come un'allodola, attratta solo dalle cose luccicanti. Oro e potere sono i due lati dello specchio che attrae una donna, e sono la causa del male nel mondo... Guarda: su mille crimini diversi, almeno novecento sono radicati nella brama di possedere una donna o nella passione di una donna che brucia di un desiderio che un uomo non ha ancora soddisfatto o che non può più soddisfare. Vai da una donna se vuoi sapere cosa è la vita. E solo allora sarai in grado di curare e guarire i mali dell'umanità.

Le donne, lo sai, sono belle! Non c'è niente di più bello al mondo. L'uomo ha cervello e forza. Ma la donna! Il suo pensiero è un profumo, il suo tocco la carezza dei fiori, la sua grazia come vino; piacevole da bere, la sua debolezza come una spola di seta o come il ricciolo di un bambino nella mano di un uomo, la sua carezza una forza riversata sulla nostra stessa forza e che la infiamma. Il dolore, la fatica, le ansie sono dimenticate quando siamo distesi accanto ad una donna ed ella è tra le nostre braccia come un mazzo di fiori."

Gesù non dà alcuna risposta e continua a pregare.

TERZO GIORNO

Frustrato dal non aver fatto alcun progresso, Satana lotta con la sua astuzia per arrivare al nocciolo della questione. Ancora vestito di luce, egli suppone che Cristo debba essere affamato e astutamente fonda il suo consiglio sulla **supposizione che Egli sia il Figlio di Dio**.

"Ma che sciocco che sono! Tu hai fame ed io Ti parlo di donne. Tu sei esausto, ecco perché quella fragranza della terra, quel fiore del creato, il frutto che dona ed eccita l'amore, Ti appare senza valore... Ma guarda queste pietre. Come sembrano tonde e lisce, indorate dal sole al tramonto! Non sembrano pagnotte?... Poiché Tu sei il Figlio di Dio, tutto ciò che devi dire è: 'Io desidero' ed essi diventeranno dolce pane profumato, come le pagnotte che le donne di casa stanno ora tirando fuori dal forno per la cena delle loro famiglie... E queste aride acacie, se solo Tu lo volessi, non potrebbero riempirsi di frutti e datteri dolci come miele? Mangia la Tua abbondanza, Figlio di Dio. Tu sei il Padrone della terra. La terra si inchina per mettersi ai Tuoi piedi e soddisfare la Tua fame.

Non vedi come diventi pallido e vacillante sentendo nominare il pane? Povero Gesù! Sei talmente debole da non poter neanche fare un miracolo? Lo faccio io per Te? Io non sono uguale a Te, ma posso fare qualcosa. Farò a meno di ogni forza per un anno intero, le raccoglierò tutte assieme, ma voglio servirti, perché Tu sei buono ed io mi ricordo sempre che Tu sei il mio Dio, anche se ora ho perso il diritto di chiamarti in questo modo. Aiutami con le Tue preghiere, in modo che io possa..."

"Stai tranquillo! 'L'uomo non vive di solo pane, ma di ogni parola che arriva dalla bocca di Dio.'"

Satana comincia ad arrabbiarsi, digrigna i denti e stringe i pugni ma si controlla e tramuta il suo ghigno in un sorriso, non volendo mostrare alcuna debolezza o perdere la gara.

QUARTO GIORNO

Traendo coraggio dalla sua arroganza, Satana ritorna con ancora un'altra proposta, questa volta con lo scopo di suscitare **vanità** in Gesù...

"Io capisco. Tu sei al di sopra delle necessità della terra e sei disgustato all'idea di servirti di me. Io me lo sono meritato... ma vieni a vedere cosa c'è nella Casa di Dio. Io Ti porterò fino al pinnacolo del Tempio dove vedrai come anche i sacerdoti non si rifiutano di scendere a compromessi tra lo spirito e la carne; dopo tutto, sono uomini e non angeli..."

Cristo permette a Se stesso di essere fisicamente trasportato al pinnacolo del Tempio a Gerusalemme, da cui essi possono osservare moltitudini di gente senza essere visti.

"... Opera un miracolo spirituale; trasfigurati e diventa più bello. Poi, chiama un mucchio di angeli e di' loro di formare per Te un poggiapiedi con le loro ali intrecciate, e di portarti giù nel cortile principale in modo che la gente possa vederti e ricordarsi che Dio esiste. E' necessario mostrarsi ogni tanto perché la memoria dell'uomo è tanto debole, soprattutto riguardo alle cose spirituali. Puoi immaginare quanto saranno felici gli angeli di formare una protezione per i Tuoi piedi e una scala per farti scendere!"

"Si dice: 'Non devi mettere alla prova il Signore Dio tuo.'"

"Tu capisci che la Tua apparizione non cambierebbe nulla e il Tempio continuerebbe ad essere un mercato pieno di corruzione. La tua divina saggezza è consapevole che i cuori dei ministri del Tempio sono covi di vipere che strappano e sono strappate in pezzi per il successo. Sono sottomessi solo al potere umano."

## QUINTO GIORNO

Estratto da "La Città Mistica di Dio"
Da Venerabile Maria di Gesù di Agreda.

Avendo fallito il suo quarto tentativo, Satana cerca ora di suscitare nel Salvatore l'**ambizione** di ottenere una parte del "suo dominio"...

Per questo, Gesù permette a Satana di condurlo su una montagna molto alta da cui possono vedere molte terre e, dopo avergli mostrato tutte le viste e la ricchezza, Satana, con esorbitante baldanza più simile alla pazzia, promette ciò che non possiede né mai possiederà in cambio della cosa che più desidera...

Fine estratto.

"Bene allora, vieni. Adorami. Ti darò la terra. Alessandro, Ciro, Cesare, tutti i grandi sovrani, passati o presenti, saranno come i condottieri di misere carovane a Tuo confronto, poiché Tu avrai tutti i regni del mondo sotto il Tuo scettro. E, assieme ai regni, tutte le ricchezze, tutte le cose belle della terra; le donne, i cavalli, gli eserciti e i templi. Tu sarai in grado di ergere la Tua insegna ovunque quando sarai il Re dei re e il Signore del mondo. Allora riceverai obbedienza e rispetto sia dal popolo che dal clero. Tutte le classi Ti onoreranno e Ti serviranno, perché Tu sarai il Potente, l'Unico, il Signore.

Adorami solo per un momento! Placa questa mia sete di essere adorato! Mi ha rovinato ma è ancora dentro di me e ne sono inaridito. Le fiamme dell'inferno sono come una fresca brezza del mattino in confronto a questa spietata passione che brucia dentro di me. E' il mio inferno, questa sete... Un momento, un solo momento, Cristo..."

E Satana cade in ginocchio implorando:

"... Tu sei così buono! Un momento di gioia per l'eternamente Torturato! Fammi sentire cosa si prova ad essere Dio e io sarò il Tuo devoto, obbediente servitore per tutta la v ita e in tutte le Tue imprese... Un istante, un solo istante e non Ti torturerò più!"

Gesù, invece, si alza, con il volto terribilmente severo e potente e i Suoi occhi, due zaffiri ardenti. Ha perso peso per i lunghi giorni di digiuno ed ora sembra ancora più alto e la Sua voce, come un tuono, riverbera quando urla:

"Vattene, Satana! E' scritto: 'Adora il Signore Dio tuo e a Lui solo rendi culto.'"

Con un urlo di terrificante tortura e indescrivibile odio, Satana balza in piedi, una spaventosa furiosa figura di fumo, e scompare con un ultimo urlo blasfemo.

Dopo questo quinto giorno, Cristo interrompe il permesso a Lucifero di tentarlo ulteriormente e scaglia lui e le sue legioni nelle caverne dell'inferno, dove si ritrovano interamente schiacciati e incapaci di muoversi per tre giorni ed ancora incerti se Colui che li ha schiacciati così duramente sia o no l'Incarnazione del Verbo, e rimangono in tale incertezza fino alla Crocifissione sul Calvario.

Tra canti trionfali di lode e ringraziamento al Padre per questa vittoria sul nemico di Dio e dell'uomo, gli angeli riportano Gesù nel deserto dove, stanco, Egli si siede e si appoggia indietro con la testa sulla roccia. Egli traspira e sembra esausto ma gli angeli vengono a soffiare delicatamente con le loro ali nella sgradevole umidità della grotta, purificando e rinfrescando l'aria. Gesù apre gli occhi e sorride, apparentemente nutrito e rinvigorito dal profumo del Paradiso.

Il sole è tramontato ad ovest. Egli prende il suo zaino e in compagnia degli angeli che, volando sulla Sua testa, emettono una dolce luce mentre il buio si avvicina velocemente, cammina dritto verso nord-est. Egli ha ora assunto la Sua consueta espressione e l'unico segno rimasto del Suo lungo digiuno è un aspetto più ascetico sul Suo volto sottile e pallido e nei Suoi occhi, rapiti da una gioia che non appartiene a questo mondo.

## Gesù Incontra Giovanni E Giacomo

Tornando dal deserto, Gesù, ancora una volta, cammina lungo la striscia verde di vegetazione sulle rive del fiume Giordano, accanto al posto in cui è stato battezzato, che è anche un guado ben conosciuto per attraversare da Betania a Perea. Il posto è ora deserto, ad eccezione di alcuni viaggiatori a piedi, alcuni a cavallo di asini e altri di cavalli.

Gesù procede nel Suo cammino verso nord, assorto nei pensieri e apparentemente ignaro dei viaggiatori. Quando raggiunge il guado, incontra un gruppo di uomini di varie età, che discutono animatamente, forse a proposito dell'arresto del Battista il giorno prima, poi si dividono e si disperdono in direzioni diverse; alcuni verso sud a altri verso nord.

Due fratelli, Giovanni e Giacomo, sono tra coloro che si dirigono a nord e, avendo visto Gesù per primo, Giovanni Lo indica a suo fratello e ai suoi compagni. Essi parlano un po' tra di loro, poi Giovanni si distacca del gruppo e cammina rapidamente verso Gesù. Giacomo lo segue, camminando un po' più lentamente. Gli altri, non mostrando alcun interesse, continuano la loro discussione, anch'essi camminando lentamente.

Quando Giovanni è a circa due o tre metri da Gesù, urla: "Agnello di Dio Che togli i peccati del mondo!"

Gesù si volta e lo guarda. Ora sono solo a pochi passi di distanza. Si guardano: Gesù, con il suo serio sguardo scrutante, Giovanni, con i suoi occhi puri e sorridenti nel suo bel volto giovanile che sembra il viso di una ragazza. Egli ha circa vent'anni, sbarbato, con solo un accenno di biondo che scende come un velo dorato sulle sue guance rosee.

"Chi stai cercando?" Chiede Gesù.

"Te, Maestro."

"Come fai a sapere che sono un Maestro?"

"Me lo ha detto il Battista."

"Bene allora, perché Mi chiami Agnello?"

"Perché ho sentito lui che Ti chiamava così, un giorno in cui eri di passaggio, poco più di un mese fa."

"Cosa vuoi da Me?"

"Voglio che Tu ci dica parole di vita eterna e che ci conforti."

"Ma chi sei tu?"

"Sono Giovanni di Zebedeo, e questo è mio fratello Giacomo. Siamo pescatori della Galilea. Ma siamo anche discepoli di Giovanni. Egli ci ha detto parole di vita e lo abbiamo ascoltato perché vogliamo seguire Dio, e meritare il Suo perdono facendo penitenza e così preparare i nostri cuori all'arrivo del Messia. Tu sei il Messia. Giovanni lo ha detto, perché ha visto il segno della Colomba discendere su di Te. Egli ci ha detto: 'Ecco l'Agnello di Dio' Io Ti dico: Agnello di Dio che togli i peccati del mondo, dona a noi la pace perché non abbiamo più nessuno che possa guidarci, e le nostre anime sono turbate."

"Dov'è Giovanni?"

"Erode l'ha preso. E' in prigione a Macheronte. I più fedeli dei suoi discepoli hanno cercato di liberarlo ma non è possibile. Noi veniamo da lì. Lasciaci venire con Te Maestro, mostraci dove vivi."

"Venite. Ma sapete cosa state chiedendo? Chi mi segue, dovrà lasciare tutto: la sua casa, i suoi parenti, il suo modo di pensare, anche la sua vita. Io vi renderò Miei discepoli e Miei amici se volete, ma io non ho né ricchezza né protezione. Io sono povero, e sarò ancora più povero, al punto di non avere un posto dove appoggiare la Mia testa. E sarò perseguitato dai miei nemici, ancora più di quanto una pecora smarrita sia perseguitata dai lupi. La mia dottrina è ancora più rigida di quella di Giovanni perché vieta anche il risentimento, e non riguarda tanto i fattori esterni ma l'anima... Dovete rinascere se volete essere Miei discepoli. Siete disposti a farlo?"

"Sì, Maestro. Solo Tu hai parole che possono darci la luce. Esse discendono su di noi e dove c'era buio e desolazione perché non avevamo una guida, essi hanno diffuso luce e gioia."

"Venite, allora, andiamo. Vi insegnerò lungo il cammino."

E così, insieme, tornano alle sponde del Lago di Galilea dove Giovanni e Giacomo trascorrono una giornata, ospiti di un amico dei parenti di Gesù.

## Giovanni E Giacomo Parlano Con Pietro Del Messia

E' un'alba molto chiara sul Lago di Galilea; il cielo e l'acqua brillano di bagliori rosati simili a quelli delicati sui muri dei piccoli frutteti del lago-villaggio, dove gli alberi da frutto nascono dai frutteti e si piegano con il fogliame scarmigliato affacciandosi sui vicoli.

Il villaggio comincia ad animarsi con le donne che vanno alla fontana o a fare il bucato, i pescatori che scaricano cesti di pesce o mercanteggiano sui prezzi a voce molto alta. Il villaggio è piuttosto grande e si estende lungo il lago.

Giungendo da una stradina, Giovanni cammina rapidamente verso il lago, seguito lentamente da Giacomo. Al lago, Giovanni osserva le barche già a riva e non vedendo quella che sta cercando, volge lo sguardo al lago e vede la barca a circa un centinaio di metri dalla riva, che fa manovra nel porto. Tenendo le mani ai lati della bocca per indirizzare la voce, chiama, estendendo la nota, a pieni polmoni:

"Oh-e!"
Quando ottiene la loro attenzione, egli gesticola con entrambe le braccia per dire "Venite, venite."

Non sapendo di cosa si tratti, gli uomini sulla barca muovono i remi e la barca accelera. Quando sono a circa dieci metri dalla riva, Giovanni, non intendendo aspettare ulteriormente, si toglie il mantello, la lunga tunica e i sandali e li getta sulla riva. Poi, sollevandosi la sottoveste e tenendola con una mano sulla costola, entra in acqua per andare incontro alla barca in arrivo.

"Perché voi due non siete venuti?" Chiede Andrea mentre Pietro tiene il muso, in silenzio.

"E perché voi non siete venuti con me e Giacomo?" Risponde Giovanni ad Andrea.

"Sono andato a pescare. Non ho tempo da perdere. Siete spariti con quell'uomo..."

"Vi ho accennato di venire. E' Lui. Dovreste ascoltare le Sue parole! Siamo stati con Lui tutto il giorno fino a tarda notte. Ora siamo venuti a dirvi: 'Venite.'"

"E' davvero Lui? Sei sicuro? L'abbiamo visto solo allora, quando il Battista ce Lo ha indicato."

"E' Lui. Non l'ha negato."

"Chiunque può dire qualsiasi cosa gli aggrada per imporsi sui creduloni. Non è la prima volta..." borbotta Pietro.

"Oh Simone! Non dire così! E' il Messia! Lui sa tutto! Ti sente." Ammonisce Giovanni, rattristato e spaventato.

"Certo! Il Messia! E si è mostrato a te, Giacomo ed Andrea! Tre poveri pescatori! ..." li schernisce Pietro. "...Il Messia avrà bisogno di molto più di questo! ... E mi sente! Eh! Miei poveri ragazzi. Il primo sole di primavera vi ha danneggiato il cervello! Venite, venite a lavorare un po'. E' molto meglio. E dimenticate queste favole!"

"Ti sto dicendo che è il Messia! Giovanni diceva cose sante ma Lui parla di Dio. Chi non è Cristo non può parlare così."

"Simone, non sono un ragazzino. Sono abbastanza adulto e sono sereno e ponderato. Lo sai..." si difende Giacomo. "... Io non ho parlato molto ma ho ascoltato tanto nel corso nelle ore che abbiamo trascorso con l'Agnello di Dio e posso dirti che davvero non può essere che il Messia! Perché non credi? Perché non vuoi credere? Forse perché non Lo hai sentito ma io Gli credo. Siamo poveri e ignoranti? Bene, Lui dice che è venuto ad annunciare il Vangelo del regno di Dio e del Regno della pace ai poveri, agli umili e ai piccoli prima che ai grandi... Ha detto: 'I grandi hanno già le loro gioie. Non sono gioie invidiabili se confrontate con quelle che sono venuto a portarvi. I grandi sono già in grado di comprendere grazie alla loro cultura. Ma io sono venuto per i "piccoli" di Israele e del mondo, per coloro che piangono e sperano, per coloro che cercano la Luce e hanno fame della vera Manna, a cui gli uomini sapienti non danno luce e cibo, ma solo fardelli, oscurità, catene, disprezzo... Ed io chiamo i "piccoli". Sono venuto a mettere il mondo sottosopra perché io abbasserò ciò che ora è tenuto in alto ed innalzerò ciò che ora viene disprezzato... lasciate che coloro che vogliono la verità e la pace, che vogliono la vita eterna, vengano a Me... Coloro che amano la luce, lasciate che vengano a Me... Io sono la Luce del mondo.' ... Non ha detto questo, Giovanni?"

"Sì. E ha detto: 'Il mondo non Mi amerà. Il grande mondo non Mi amerà perché è corrotto da vizi e idolatria. Non solo, il mondo non mi vorrà perché è la discendenza del Buio e per questo non ama la Luce... Ma la terra non è solo fatta dal grande mondo, ma ma anche da coloro che, uniti al mondo, non ne fanno parte. C'è gente che è nel mondo perché ne è stata fatta prigioniera, come pesce in una rete.' ... Ha detto esattamente questo perché parlavamo sulla riva del lago e Lui ha indicato delle reti che stavano tirando a riva con dentro del pesce. Non solo, ha detto: 'Vedete. Nessuno di questi pesci desiderava essere preso nella rete. Nemmeno gli uomini vorrebbero intenzionalmente cadere preda di Mammona. Nemmeno i più malvagi che, accecati dall'orgoglio, non credono di non avere il diritto di fare ciò che fanno. Il loro vero peccato è l'orgoglio. Tutti gli altri peccati discendono da esso. ... Coloro che non sono completamente malvagi, vorrebbero ancora meno cadere preda di Mammona. Ma essi cadono perché sono frivoli e a causa di un peso che li trascina giù, che è il peccato di Adamo... Io sono venuto a cancellare quel peccato e, in attesa dell'ora della Redenzione, a dare a coloro che credono in Me la forza che permetterà loro di liberarsi dai serpenti che li intrappolano e renderli così liberi di seguire Me, la Luce del mondo.'"

"Bene allora, se ha detto questo, dobbiamo andare subito da Lui." Dice Pietro, impulsivo ma sincero, affrettandosi a scaricare la barca ora tirata a secco sulla riva. Scaricano le reti, le funi e le vele... "E tu, sciocco Andrea, perché non sei andato con loro?!..."

"Ma... Simone! Tu mi hai rimproverato perché non li ho convinti a venire con me... Hai borbottato tutta la notte ed ora mi rimproveri di non essere andato?!"

"Hai ragione... Ma io non L'ho visto... tu sì... e devi aver visto che non è come noi... Deve avere qualcosa di interessante!...

"Oh! Sì." Dice Giovanni. "Il suo volto! I suoi occhi! Che begli occhi, vero Giacomo?! E la Sua voce!... Oh! Che voce! Quando parla, ti sembra di sognare il Paradiso."

"Veloci, veloci. Andiamo a trovarlo." Dice Pietro ansiosamente e poi, rivolto agli altri pescatori, dice

"Portate tutto a Zebedeo e diteglli di fare come meglio crede. Saremo di ritorno questa sera in tempo per andare a pescare."

Essi si vestono e partono tutti, ma Pietro si ferma dopo qualche metro, afferra la mano di Giovanni e chiede "Hai detto che sa tutto e sente tutto?..."

"Sì. Pensa solo: quando abbiamo visto la luna su nel cielo stanotte, io ho detto: 'Mi chiedo cosa starà facendo Simone in questo momento', e Lui ha detto: 'Sta gettando la sua rete e non riesce a tranquillizzarsi perché deve fare tutto da solo perché voi non siete andati con la barca gemella in una serata tanto buona per pescare... egli non sa che, tra non molto, pescherà con reti diverse e in cerca di pesce diverso.'"

"Santa Misericordia! E' vero. Bene, avrà anche sentito... che l'ho definito a dir poco un bugiardo... non posso andare da Lui!"

"Oh! Lui è così buono. Sa certamente cosa hai pensato. Lo sa già perché quando Gli ho detto che stavamo venendo da te, ha detto: 'Andate. Ma non fatevi scoraggiare dalle prime parole di disprezzo. Chi vuol venire da Me deve anche esser capace di tenere testa alle parole beffarde del mondo e ai divieti dei parenti. Perché io sono al di sopra del sangue e della società e trionfo su di essi. Ed anche chi è con Me trionferà per sempre.' ... Ha anche detto: 'Non abbiate paura di parlare. L'uomo che ascolta verrà, perché è un uomo di buona volontà.'"

"E' quello che ha detto? Bene, verrò. Parla, parla di Lui mentre andiamo. Dov'è?"

"In una casa povera; devono essere Suoi amici."

"E' povero?"

"Un lavoratore di Nazaret, così ha detto."

"E come fa a vivere ora se non lavora più?"

"Non glielo abbiamo chiesto. Forse i Suoi parenti Lo aiutano."

"Sarebbe stato meglio portare del pesce, del pane e della frutta... qualcosa. Stiamo andando a consultare un rabbino... perché Lui è come... è più di un rabbino e noi stiamo andando a mani vuote! Ai nostri rabbini questo non piace...!"

"Ma a Lui sì. Non avevamo che venti monete, Giacomo ed io, e le abbiamo offerte a Lui, come è consuetudine con i rabbini, ma Lui non le ha volute. M,a poiché abbiamo insistito tanto, ha detto: 'Che Dio vi ricompensi con le benedizioni dei poveri. Venite con Me' e le ha date ad alcuni poveri: sapeva dove vivevano. E quando Gli abbiamo chiesto: 'Maestro, non tieni nulla per Te stesso?' Lui ha risposto: 'La gioia di fare la volontà di Dio e di servire la Sua gloria'... Noi abbiamo anche detto: 'Tu chiami noi, Maestro, ma noi siamo tutti poveri, cosa Ti porteremo?' Lui ha risposto con un sorriso che ci ha portato il piacere delle gioie del Paradiso: 'Io voglio un grande tesoro da voi' ... e noi abbiamo detto 'Ma noi non abbiamo niente' e Lui ha risposto: **"Un tesoro con sette nomi, che anche i più poveri possono avere mentre i ricchi non hanno. Voi lo avete, ed io lo voglio. Ascoltate i nomi: Carità, fede, buona volontà, retta intenzione, continenza\*, sincerità, spirito di sacrificio.** Ecco ciò che voglio dai Miei seguaci. Solo questo. E voi lo avete... è dormiente, come un seme sotto una zolla di terra d'inverno, ma il sole di primavera lo farà germogliare in una spiga a sette punte.' E' quello che ha detto."

"Ah! Ora sento che è un vero Rabbino, il Messia promesso! Non è duro con i poveri, non chiede denaro... E' abbastanza per chiamarlo il santo uomo di Dio. Possiamo andare sicuri."

\* La continenza è l'esercizio dell'autocontrollo in ciò che riguarda i sensi, ad esempio cibo, bevande, agiatezza, immagine e bramosia ed anche altri aspetti che riguardano la carne, la mente e i suoi desideri, il cuore e le sue passioni

## Primo Incontro Tra Pietro E Il Messia

Giovanni si affretta lungo un sentiero nei campi, con i suoi capelli biondo-bruni che oscillano ad ogni passo. Il suo volto roseo e sbarbato, la carnagione chiara di un giovane, piuttosto che di un uomo. Non ci sono tracce di baffi, solo la levigatezza delle sue guance rosee, le sue labbra rosse e il suo sorriso luminoso. Ha un aspetto povero per la purezza della sua anima verginale che splende attraverso i suoi occhi turchesi.

Gesù, da solo su un diverso sentiero tra due campi, cammina nella direzione opposta.

Quando Giovanni è sul punto di oltrepassare la siepe, urla "Maestro!"

Gesù si ferma e si volta, sorridendo.

"Maestro, Ti ho cercato tanto!" Le persone nella casa in cui vivi mi hanno detto che eri venuto verso la campagna ma non hanno detto dove. Temevo di non incontrarti" dice Giovanni, con la testa leggermente piegata, rispettosamente. Il suo atteggiamento e i suoi occhi sono pieni di sincero amore e, mentre parla, con la testa sempre inclinata sulla spalla, alza i suoi occhi turchesi verso Gesù.

"Ho visto che Mi cercavi e ti sono venuto incontro."

"Mi hai visto? Dov'eri maestro?"

"Laggiù" e indica un gruppo di ulivi lontano. "Ero laggiù. Pregavo e riflettevo su cosa dire stasera alla sinagoga. Ma mi sono venuto appena ti ho visto."

"Ma come hai fatto a vedermi, se io riesco a malapena a vedere il posto, nascosto com'è dietro la siepe?"

"Tuttavia, vedi, eccomi qui. Ti sono venuto incontro perché ti ho visto. Ciò che non fa l'occhio, lo fa l'amore."

"Sì, l'amore. Allora tu mi ami, Maestro?"

"E tu ami me, Giovanni, figlio di Zebedeo?"

"Tanto, Maestro. Penso di averti sempre amato. Prima di incontrarti, molto tempo prima, la mia anima Ti cercava, e quando Ti ho visto, la mia anima mi ha detto: 'Ecco Colui che stai cercando'. Penso di averti incontrato perché la mia anima Ti ha percepito."

"Tu lo dici, Giovanni, e ciò che dici è giusto. Anch'io

sono venuto verso di Te perché la Mia anima ti ha percepito. Per quanto tempo mi amerai?"

"Per sempre, Maestro. Non voglio amare più nessun altro all'infuori di Te."

"Tu hai un padre e una madre, fratelli e sorelle, avrai la tua vita e, nella tua vita, una donna e amore. Come farai a lasciare tutto questo per me?"

"Maestro... io non so... ma penso, se non è l'orgoglio a dire ciò, che la Tua tenerezza prenderà il posto del padre e della madre, dei fratelli, delle sorelle e anche di una donna. Io sarò compensato in tutto se Tu mi amerai."

"E se il Mio amore dovesse provocarti dolori e persecuzioni?"

"Non saranno niente se Tu mi amerai."

"E il giorno in cui dovessi morire..."

"No! Tu sei giovane, Maestro... perché dovresti morire?"

"Perché il Messia è venuto per predicare la Legge nella sua verità e per compiere la Redenzione. E il mondo è riluttante alla Legge e non vuole la Redenzione. Pertanto perseguitano i messaggeri di Dio."

"Oh! Fa che non accada mai! Non parlare della predizione della morte con colui che Ti ama! ... Ma se Tu dovessi morire, io continuerei ad amarti. Permettimi di amarti." Giovanni Lo supplica, con la testa piegata più che mai mentre cammina accanto a Gesù. Gesù si ferma e lo scruta con i suoi occhi profondi e penetranti e posa la Sua mano sulla testa piegata di Giovanni "Io voglio che tu mi ami."

"Oh! Maestro!" Esclama Giovanni felicemente, con gli occhi brillanti di lacrime, la sua bocca carnosa sorridente. Prende e bacia sul dorso la mano divina e la stringe sul suo cuore. Si rimettono in cammino.

"Hai detto che Mi stavi cercando..."

"Sì, per dirti che i miei amici vogliono incontrarti... E perché, oh! Quanto desideravo essere di nuovo con Te! Ti ho lasciato solo poche ore fa... ma non potevo più stare senza di Te."

"Allora sei stato un buon annunciatore della Parola?"

"Anche Giacomo, Maestro, ha parlato di Te in modo tale... da convincerli."

"Così, anche colui che non aveva fiducia - e non è da rimproverare perché la sua riserva era dovuta alla prudenza - si è ora convinto. Andiamo a rassicurarlo completamente."

"Ha un po' paura..."

"No! Non paura di Me! Io sono venuto per la gente buona e ancora di più per coloro che sono in errore. Io voglio salvare la gente, non condannarla. Sarò pieno di misericordia con la gente onesta."

"E con i peccatori?"

"Anche. Per gente disonesta, Io intendo coloro che sono spiritualmente disonesti e ipocritamente fingono di essere buoni mentre commettono azioni malvagie. E le commettono per il loro profitto, per assicurarsi un vantaggio sul loro prossimo. Io sarò severo con loro."

"Oh! Simone non deve preoccuparsi allora. E' leale come nessun altro."

"E' ciò che mi piace, e voglio che lo siate tutti."

"Simone vuole dirti molte cose."

"Lo ascolterò dopo aver parlato alla sinagoga. Ho chiesto loro di informare la gente povera e malata oltre a quella ricca e in salute. Hanno tutti bisogno del Vangelo."

Nei pressi del villaggio, incontrano dei bambini che giocano per strada. Uno dei bambini si scontra con le gambe di Gesù e sarebbe caduto se Gesù non fosse stato pronto ad afferrarlo. Il bambino piange lo stesso, come se si fosse fatto male e Gesù, tenendolo tra le braccia, dice "Un israelita che piange? Cosa avrebbero dovuto fare le migliaia di bambini che divennero uomini attraversando il deserto con Mosè? E il Signore Altissimo inviò la manna per loro perché Egli ama i bambini innocenti e si prende cura di questi piccoli angeli della terra, questi uccellini senza ali, come dei passeri dei boschi e delle città. Ti piace il miele? Sì? Bene, se sarai buono, mangerai del miele più dolce del miele delle tue api."

"Dove? Quando?"

"Quando, dopo una vita di lealtà a Dio, andrai da Lui."

"So che non potrò andarci finché non arriverà il Messia. Mia madre dice che adesso, noi in Israele, siamo come tanti Mosè e che moriamo vedendo la Terra Promessa. Lei dice che siamo lì, in attesa di entrarci, e che solo il Messia ci farà entrare."

"Che bravo piccolo Israelita! Bene, io ti dico che quando morirai, andrai subito in Paradiso perché il Messia avrà già aperto le porte del Paradiso. Ma devi essere bravo."

"Mamma! Mamma!... " Urla il bambino, scivolando giù dalle braccia di Gesù e correndo verso una giovane donna, che sta entrando nella sua casa, con un'anfora di rame. "... Mamma! Il nuovo rabbino mi ha detto che io andrò subito in Paradiso quando morirò e che mangerò tanto miele... se sarò buono. Io sarò buono!"

"Voglia Dio! Mi dispiace, Maestro, se Ti ha disturbato. E' così vivace!"

"L'innocenza non dà disturbo, donna. Che Dio ti benedica perché sei una donna che sta allevando i suoi figli nella consapevolezza della Legge."

La donna arrossisce all'elogio. "Che la benedizione del Signore sia anche con Te." Ella risponde e scompare con il suo piccolo.

"Ti piacciono i bambini, Maestro?"

"Sì, mi piacciono, perché sono puri... sinceri... e affettuosi."

"Hai dei nipoti, Maestro?"

"Ho solo Mia Madre... In Lei c'è purezza, sincerità, l'amore dei bambini più santi, oltre a saggezza, giustizia e la fermezza degli adulti. Ho tutto in Mia Madre, Giovanni."

"E l'hai lasciata?"

"Dio è al di sopra anche della più santa delle madri."

"La incontrerò?"

"Sì, la incontrerai."

"E Lei mi amerà?"

"Ti amerà perché Ella ama chiunque ami il Suo Gesù."

"Allora, non hai fratelli?"

"Ho alcuni cugini dalla parte del marito di Mia Madre. Ma tutti gli uomini sono Miei fratelli, ed io sono venuto per tutti. Eccoci qui, alla sinagoga. Io entro e tu ti unirai a Me con i tuoi amici."
Giovanni si allontana e Gesù entra nella sinagoga, una stanza quadrata con esposte delle lampade triangolari, leggii e rotoli di pergamena ed una folla in attesa e in preghiera. Anche Gesù prega. La folla sussurra dietro di Lui mentre Egli si inchina al capo della sinagoga, lo saluta e gli chiede un rotolo a caso.

Poi comincia la Sua lezione:

"lo Spirito Santo Mi fa leggere il seguente testo da Geremia 7: 'Così dice il Signore degli eserciti, Dio di Israele: Migliorate la vostra condotta e le vostre azioni e io vi farò abitare in questo luogo. Pertanto non confidate nelle parole menzognere di coloro che

dicono: Tempio del Signore, tempio del Signore,
tempio del Signore è questo! Poiché, se veramente
emenderete la vostra condotta e le vostre azioni, se
realmente pronunzierete giuste sentenze fra un uomo
e il suo avversario; se non opprimerete lo straniero,
l'orfano e la vedova, se non spargerete il sangue
innocente in questo luogo e se non seguirete per
vostra disgrazia altri dei, io vi farò abitare in questo
luogo, nel paese che diedi ai vostri padri da lungo
tempo e per sempre. '
Ascolta, Israele. Io sono qui per illuminarvi le parole
della luce, che le vostre anime ottenebrate non
riescono più a vedere o a capire. Ascoltate. Ci sono
molte lacrime nella terra del Popolo di Dio: i vecchi
piangono nel ricordo delle glorie passate, gli adulti
piangono perché sono piegati sotto il giogo, i bambini
piangono perché non hanno prospettive di gloria
futura. Ma la gloria della terra è niente in confronto
alla gloria che nessun oppressore, eccetto Mammona
e la cattiva volontà, possono portar via.

Perché piangete? Perché l'Altissimo, Che è stato
sempre buono con il Suo popolo, si è voltato in
un'altra direzione e non permette più ai Suoi figli di
vedere il Suo Volto. Non è Egli il Dio che divise le
acque, permise a Israele di attraversarle, li condusse
attraverso il deserto, li nutrì e li difese dai loro
nemici... e, affinché essi non potessero perdere la
strada verso il Paradiso, dettò loro una Legge per le
loro anime così come inviò una nuvola per i loro
corpi? ... Non è più Egli il Dio Che addolcì le acque e

invio una manna per i Suoi figli logorati? Non è Egli il Dio che volle che voi vi stabiliste nella Sua terra e strinse un patto con voi come un Padre con i Suoi figli? Bene, allora, perché lo straniero vi ha attaccato? Molti di voi borbottano: 'Eppure il Tempio è qui'!' Non basta avere il Tempio e andare a pregare Dio in esso. Il primo tempio è nel cuore di ogni uomo ed è lì che le sante preghiere dovrebbero essere dette... Ma una preghiera non può essere santa se il cuore non corregge prima il suo modo di vivere e, assieme al suo cuore, l'uomo corregge anche le sue abitudini, gli affetti, le regole della giustizia verso i poveri, i servi, i parenti e Dio.

Ora guardate. Io vedo uomini ricchi dal cuore duro che portano ricche offerte al Tempio ma non dicono mai a un povero: 'Fratello, questo è un pezzo di pane, e una moneta. Prendili, da uomo a uomo, e non lasciare che il mio aiuto ti scoraggi come se la mia offerta non mi renda orgoglioso.' ... Io vedo gente che, nelle loro preghiere, si lamenta con Dio perché Egli non ascolta prontamente le loro preghiere; poi, quando un povero sventurato, molto spesso un parente, dice loro: 'Ascoltami' essi, crudelmente, rispondono 'No'... Io vi vedo piangere perché il vostro denaro viene estorto dalle vostre tasche dal vostro sovrano. Ma poi, voi estorcete denaro da coloro che odiate e non inorridite quando togliete il sangue e la vita ad un corpo.

O Israele! Il tempo della Redenzione è arrivato! Preparate la sua strada nei vostri cuori con la buona volontà. Siate onesti... buoni... amatevi l'un l'altro... I ricchi non devono disprezzare i poveri, i mercanti non devono frodare... i poveri non devono invidiare i ricchi. Voi avete tutti lo stesso sangue e appartenete a un unico Dio... Siete tutti chiamati allo stesso destino. Non chiudete, con i vostri peccati, il Paradiso che il Messia aprirà per voi. Avete sbagliato finora? Non sbagliate più. Abbandonate tutti gli errori.

La legge è semplice, facile e buona e si rifà ai Dieci Comandamenti iniziali, illuminati dalla luce dell'amore. Venite. Vi mostrerò quali sono: amore, amore, amore. L'amore di Dio per voi. Il vostro amore per Dio. Amore per i vostri simili. Sempre amore, perché Dio è amore ed essi sono i figli del padre che sanno come vivere l'amore.

Io sono qui per tutti e per dare a tutti la luce di Dio. Questa è la parola del Padre che diviene cibo per voi. Venite, assaporate, cambiate il sangue delle vostre anime con questo cibo. Lasciate che ogni veleno svanisca, lasciate che ogni brama muoia. Una nuova gloria vi viene offerta: la gloria eterna, a cui arriveranno tutti coloro i cui cuori studieranno veramente la Legge di Dio.

Cominciate dall'amore, non c'è niente di più grande. Quando saprete come amare, saprete già tutto, e Dio verrà da voi, e l'amore di Dio vuol dire aiuto contro

tutte le tentazioni. Che la benedizione di Dio sia con coloro che si rivolgono a Dio con i loro cuori pieni di buona volontà."
Gesù rimane in silenzio. La gente mormora. Poi cantano inni, molti dei quali sono salmi, prima di lasciarsi.

Gesù esce nella piccola piazza e trova Giovanni, Giacomo, Pietro e Andrea che aspettano sulla soglia.

"Pace a voi..." saluta Gesù "... Ecco l'uomo che, per essere giusto, non deve giudicare prima di conoscere, ma è onesto nell'ammettere di aver sbagliato. Simone, volevi vedermi? Eccomi. E tu, Andrea, perché non sei venuto prima?"

I due fratelli si guardano, imbarazzati, poi Andrea sussurra "Io non ho avuto il coraggio."

Pietro arrossisce ma non parla. Ma quando sente Gesù chiedere ad Andrea "Avresti fatto qualcosa di male a venire? Uno non dovrebbe avere il coraggio solo di compiere azioni malvagie", Pietro interviene: "E' stata colpa mia... " dice con franchezza "... Lui voleva portarmi subito da Te ma io... io ho detto... sì, ho detto 'non ci credo' e non sono voluto venire. Oh! Mi sento meglio ora!..."

Gesù sorride, poi dice: "E per la tua sincerità, ti dico che ti amo."

"Ma io... io non sono capace... non sono in grado di fare ciò che hai detto nella sinagoga. Mi arrabbio facilmente e se qualcuno mi offende, eh! Sono avido e mi piace il denaro... e nei miei affari nella pesca, eh! Non sempre... non sono sempre stato onesto. E sono ignorante. E ho poco tempo per seguirti per ricevere la Tua Luce. Cosa farò? Vorrei diventare come dici...

ma..."

"Non è difficile, Simone. Hai un po' di dimestichezza con le Scritture? Ne hai? Bene, pensa al profeta Michea. Dio vuole da te ciò che disse Michea. Non ti chiede di strapparti il cuore, né ti chiede di sacrificare i tuoi affetti più sacri. Non te lo chiede per ora. Un giorno, senza che Dio te lo chieda, tu donerai te stesso a Dio... ma Egli attenderà che il sole e la rugiada ti tramutino dal sottile filo d'erba che ora sei in una robusta e meravigliosa palma. Per ora, Egli ti chiede sono questo: di essere giusto, di amare la misericordia, di avere la massima cura nel seguire il tuo Dio. Lotta per fare questo e il passato di Simone sarà cancellato e diventerai un uomo nuovo, l'amico di Dio e del Suo Cristo. Non più Simone, ma Cefa* la roccia sicura su cui Mi appoggio."

"Mi piace! Capisco. La Legge è così... così... voglio dire, non riesco più ad attenermi ad essa, per come i rabbini l'hanno resa. Ma ciò che Tu dici, sì... Penso che sarò in grado di farlo. E Tu mi aiuterai. ... Resterai in questa casa? ... Conosco il padrone."

"Resterò qui. Ma andrò a Gerusalemme e, dopo, predicherò in tutta la Palestina. Sono venuto per questo. Ma sarò spesso qui."

"Io verrò ad ascoltarti ancora. Voglio essere Tuo discepolo... Un po' di luce entrerà nella mia testa."

"Nel tuo cuore, soprattutto, Simone... Nel tuo cuore... E tu, Andrea... non hai niente da dire?"

"Sto ascoltando, Maestro."

"Mio fratello è timido."

"Diventerà un leone. Si sta facendo buio. Che Dio vi benedica e vi conceda una buona retata. Andate ora."

"La pace sia con voi."

E si separano.

"Mi chiedo cosa intendesse prima quando ha detto che pescherò con altre reti e prenderò pesci diversi." Dice Pietro appena usciti.

"Perché non glielo hai chiesto? Volevi dire tante cose ma hai parlato a malapena."

"Io... avevo vergogna. E' così diverso da tutti gli altri rabbini!"

"Ora sta andando a Gerusalemme..." Dice Giovanni, con tanto desiderio e nostalgia. "Volevo chiedergli se mi avrebbe permesso di andare con Lui... ma non ho avuto il coraggio..."

"Va' a chiederglielo ora, ragazzo mio..." lo incoraggia

Pietro "... L'abbiamo lasciato così... senza una parola d'affetto. Almeno facciamogli sapere che Lo ammiriamo. Lo dirò io a tuo padre."

"Devo andare, Giacomo?"

"Vai."

Giovanni corre via... E torna indietro di corsa, felicissimo "Gli ho detto: 'Vuoi che venga con Te a Gerusalemme?' Ha risposto: 'Vieni, amico Mio.' ... Amico, ha detto! Domani, sarò qui a quest'ora. Ah! A Gerusalemme con Lui!..."

* Cefa vuol dire Roccia.

## Gesù Incontra Filippo E Natanaele

Giovanni bussa alla porta della casa dove Gesù alloggia e viene fatto entrare da una donna che poi chiama Gesù.
Si salutano con un saluto di pace.
"Sei arrivato presto, Giovanni."

"Sono venuto a dirti che Pietro Ti chiede di passare da Betsaida. Ha parlato a molta gente di Te... Non siamo andati a pescare la scorsa notte. Abbiamo pregato il più possibile e abbiamo abbandonato il profitto... perché lo Shabbat non era ancora passato. E stamattina, siamo andati per le strade parlando di Te... Ci sono tanti che vorrebbero ascoltarti... Verrai, Maestro?"

"Verrò, sebbene debba andare a Nazaret prima che a Gerusalemme."

"Pietro Ti porterà da Betsaida a Tiberiade con la sua barca. Sarà più veloce per Te."

"Andiamo, allora."

Gesù prende il Suo mantello e lo zaino ma Giovanni lo alleggerisce dello zaino. Salutano la Padrona, poi partono dal villaggio di Cafarnao sulle rive del Lago di Galilea al tramonto, viaggiando di notte per arrivare a Betsaida la mattina seguente.

Quando arrivano a Betsaida, trovano Pietro, Andrea, Giacomo e le loro mogli che li aspettano all'ingresso del villaggio.

"La pace sia con voi. Eccomi."

"Ti ringraziamo, Maestro, anche a nome di coloro che Ti aspettano. Oggi non è lo Shabbat ma Tu parlerai con coloro che attendono di ascoltarti?"

"Sì, Pietro, lo farò. A casa tua."

"Vieni, allora..." dice Pietro, felicissimo. "... Questa è mia moglie e questa è la madre di Giovanni... e questi sono i loro amici. Ma ci sono altre persone che Ti aspettano: nostri parenti e amici."

"Di' loro che gli parlerò stasera, prima di partire."

"Maestro... Ti prego, resta a casa mia per una notte. La strade per Gerusalemme è lunga, anche se la abbrevierò portandoti a Tiberiade in barca. La mia casa è povera, ma onesta e cordiale. Resta con noi stanotte."

Gesù guarda Pietro e tutti gli altri che attendono. Li guarda con curiosità. Poi, sorride e dice "Sì, resterò."

Pietro è contentissimo! La gente guarda fuori dalle porte e si scambia sguardi di intesa, mentre la piccola comitiva attraversa il villaggio fino a casa di Pietro. Un uomo chiama Giacomo per nome e gli parla a bassa voce, indicando Gesù. Giacomo annuisce e l'uomo va a parlare con altre persone ferme a un incrocio.

Arrivano a casa di Pietro ed entrano. C'è un'ampia cucina fumosa, con reti, funi e cesti da pesca in un angolo, un lungo camino basso - spento - al centro, due porte una di fronte all'altra, una che conduce sulla strada, oltre la quale è visibile l'increspatura del lago blu come il cielo e l'altra nell'orto, dove si trova un albero di fico e delle viti, oltre le quali vi è il basso muro scuro di un'altra casa.

"Ti offro ciò che ho, Maestro, meglio che posso..."

"Non potresti offrire di più o meglio perché lo stai offrendo con amore."

Essi danno a Gesù dell'acqua per rinfrescarsi e del pane con le olive di cui prende qualche boccone per far loro piacere, li ringrazia e poi non mangia altro.

Alcuni bambini curiosi guardano dentro dall'orto e dalla strada e Pietro lancia un'occhiata di disapprovazione agli intrusi per tenerli fuori, ma Gesù sorride e dice "Lasciali stare."

"Maestro, vuoi riposare? La mia stanza è qui... e quella di Andrea è laggiù. Scegli quella che vuoi. Non faremo rumore mentre riposi."

"Avete una terrazza?"

"Sì. E la vigna, benché sia quasi spoglia, fa un po' d'ombra."

"Portami lassù. Preferisco riposare lì. Penserò e pregherò."

"Come vuoi. Vieni."

Salgono una scaletta esterna che dall'orto sale fino al tetto dove si trova una terrazza circondata da un muro basso. Non ci sono reti o funi sulla terrazza ma molta luce splendente e... che bella vista del lago blu! Gesù si siede su uno sgabello e si appoggia al muro mentre Pietro si dà da fare con una vela, stendendola sulla vigna per fare ombra. C'è brezza e silenzio e Gesù è visibilmente felice.

"Io vado, Maestro."

"Vai. Vai con Giovanni e dite alla gente che parlerò qui al tramonto."

Ad eccezione di due coppie di colombe che vanno e vengono dai loro nidi e del cinguettio dei passeri, c'è un assoluto silenzio e Gesù rimane da solo e prega a lungo, mentre le ore trascorrono pacificamente e serenamente.

Poi si alza e cammina attorno al terrazzo, guarda il lago, sorride ad alcuni bambini che giocano per strada e loro Gli ricambiano il sorriso. Egli guarda più lontano lungo la strada fino alla piccola piazza a un centinaio di metri dalla casa di Pietro, poi scende le scale e guarda nella cucina "Donna, vado a fare una passeggiata sulla riva."
Poi esce e cammina lungo la riva, accanto a undici bambini che giocano. "Cosa fate?" Chiede loro.

"Volevamo giocare alla guerra. Ma lui non vuole, così stiamo giocando a pescare."
Il bambino che non vuole giocare alla guerra è un ragazzino dal volto luminoso e fragile.

"Lui ha ragione. La guerra è una punizione di Dio per castigare gli uomini, ed è un segno che l'uomo non è più un vero figlio di Dio... Quando l'Altissimo ha creato il mondo, ha creato tutte le cose: il sole, il mare, le stelle, i fiumi, le piante, gli animali ma non ha creato le armi... Ha creato l'uomo e gli ha dato gli occhi con cui lanciare sguardi d'amore, una bocca per dire parole d'amore, le orecchie per ascoltare queste parole, le mani per dare aiuto e per accarezzare, i piedi per correre veloce e assistere il nostro prossimo

che ha bisogno d'aiuto e un cuore capace di amare... Ha dato all'uomo l'intelligenza, la lingua, gli affetti e il gusto... Ma non ha dato all'uomo l'odio. Perché?...
... Perché l'uomo, una creatura di Dio, doveva essere amore, perché Dio è Amore. Se l'uomo fosse rimasto una creatura di Dio, avrebbe continuato ad amare e il genere umano non avrebbe conosciuto né guerra né morte."

"Ma lui non vuole fare la guerra perché perde sempre."

Gesù sorride. "Non dobbiamo biasimare ciò che è dannoso per noi solo perché é dannoso per noi.
"Dobbiamo biasimare qualcosa quando è dannosa per tutti... Se una persona dice: 'Io non voglio perché io perderei', quella persona è egoista. Invece, il buon figlio di Dio dice: 'Fratelli, io so che vincerei ma vi dico: non facciamo questo perché voi subireste una perdita.' Oh! Quel ragazzo ha compreso il precetto più importante! Chi sa dirmi qual è il precetto più importante?

Gli undici bambini dicono insieme "Amerai il tuo Dio con tutte le tue forze e il prossimo tuo come te stesso."

"Oh! Siete bambini intelligenti. Andate tutti a scuola?"

"Sì."

"Chi è il più intelligente?"

"Lui." E' il ragazzino fragile che non vuole la guerra.

"Qual è il tuo nome?"

"Gioele."

"Un grande nome! ... Lasciate che il debole dica: 'Io sono forte!' Ma forte in cosa? Nella Legge del vero Dio, per essere tra coloro che, nella valle del Giudizio, Egli giudicherà essere i Suoi santi... Ma il giudizio è già vicino. Non nella valle del Giudizio, ma sul monte della Redenzione. Lì, il sole e la luna si oscureranno dal dolore, le stelle tremeranno e verseranno lacrime di misericordia, e i figli della Luce saranno giudicati e separati dai figli del Buio. E tutto Israele saprà che il suo Dio è arrivato. Saranno felici coloro che Lo avranno riconosciuto. Miele, latte e acqua fresca discenderanno nei loro cuori e le spine diventeranno rose eterne... Chi di voi vuol essere tra coloro che saranno giudicati santi di Dio?"

"Io! Io! Io!"

"Allora amerete il Messia?"

"Sì! Sì! Tu! Tu! Sei Tu che amiamo. Sappiamo chi sei! Simone e Giacomo ce lo hanno detto, e le nostre madri ce lo hanno detto. Portaci con Te!"

"Sì, vi porterò se sarete buoni. Niente più brutte parole, niente più arroganza, litigi, né controbattere ai vostri genitori. Preghiera, studio, lavoro, obbedienza."

"Ed io Ti amerò e verrò con Te" e i bambini si riuniscono tutti attorno a Gesù, nella Sua veste blu, come una corolla vivacemente colorata attorno a un lungo pistillo blu profondo.
Un uomo anziano si avvicina al gruppo con curiosità e quando Gesù si volta ad accarezzare un bambino che Gli tira il mantello, vede l'uomo e lo guarda con il Suo intenso sguardo scrutante. L'uomo arrossisce, Lo saluta ma non dice altro.

"Vieni! Seguimi, Filippo!" Dice Gesù, chiamando l'uomo per nome.

"Sì, Maestro."

Gesù benedice i bambini, poi ritorna al piccolo orto di Pietro e si siede con Filippo.
"Vuoi essere Mio discepolo?"

"Sì... ma non oso sperare così tanto."

"Ti ho chiamato Io."

"Allora sono Suo discepolo. Eccomi."

"Sapevi di Me?"

"Andrea mi ha parlato di Te. Mi ha detto: 'Colui che desideravi è arrivato.' Perché Andrea sapeva che desideravo tanto il Messia."

"La tua attesa non è stata delusa. Egli è davanti a Te."

"Mio Maestro e Mio Dio!"

"Tu sei un israelita di buone intenzioni. Ecco perché Mi sto manifestando a te. Un altro tuo amico sta aspettando, anche lui è un israelita onesto. Vai a dirgli: 'Abbiamo trovato Gesù di Nazaret, il figlio di Giuseppe, della casa di Davide, di cui hanno parlato Mosè e i profeti.' Vai."

Gesù rimane da solo finché Filippo ritorna con Natanaele-Bartolomeo.

"Ecco un vero israelita in cui non c'è inganno. Pace sia con te, Natanaele."

"Come fai a conoscermi?"

"Prima che Filippo venisse a chiamarti, ti ho visto sotto l'albero di fico."

"Maestro, Tu sei il Figlio di Dio. Tu sei il Re di Israele!"

"Perché ho detto che ti ho visto meditare sotto l'albero di fico, tu credi? Tu vedrai cose più grandi di quella. Io ti dico solennemente, che il Paradiso è aperto e per la tua fede, tu vedrai gli angeli discendere e ascendere al di sopra del Figlio dell'uomo. Cioè, al di sopra di Me, Che ti sto parlando."

"Maestro, io non sono degno di un tale favore!"

"Credi in Me e sarai degno del Paradiso. Tu credi?"

"Sì, Maestro."

Nel frattempo, mentre si fa sera, una folla si raduna sulla terrazza di Pietro ed anche nella cucina.

Gesù parla con loro

'Pace agli uomini di buona volontà... Pace e benedizione alle loro case, alle loro donne, ai loro bambini. Che la grazia e la luce di Dio regni nelle vostre case e nei cuori che risiedono in esse.

Voi avete voluto ascoltarmi. Il Verbo sta parlando. Parla con gioia agli onesti, con dolore ai disonesti, con gioia ai santi e puri, con misericordia ai peccatori. Non si trattiene, ma è venuto a diffondersi come un fiume che scorre per irrigare le terre che hanno bisogno di acqua, rinfrescandoli e fertilizzandoli allo stesso tempo con l'humus.

Voi volete sapere cosa è richiesto per diventare discepoli del Verbo di Dio, del Messia, Verbo del Padre, Che è venuto a radunare Israele, in modo che possa ascoltare ancora una volta le parole del santo ed immutabile Decalogo e possa essere santificata da esse e così purificata per l'ora della Redenzione e del Regno, per quanto l'uomo possa purificarsi da solo.

Ora, io dico ai sordi, ai ciechi, ai muti, ai lebbrosi, ai paralitici, ai morti: 'Alzatevi, siete guariti, alzatevi, che i fiumi della luce, delle parole, dei suoni si aprano a voi, in modo che possiate vedermi e sentirmi e parlare di Me.' ... Ma più che ai vostri corpi, Io parlo alle vostre anime. Uomini di buona volontà, venite a Me senza paura. Se le vostre anime sono ferite, io le curerò, se sono malate, le guarirò, se sono morte, le resusciterò. Tutto ciò che voglio è la vostra buona volontà.

E' difficile ciò che chiedo? No. Non lo è. Io non vi impongo le centinaia di precetti dei rabbini. Io vi dico: seguite il Decalogo. La Legge è una e immutabile. Molti secoli sono passati da quando è stato dettato; bello, puro, fresco come un neonato, come una rosa appena sbocciata sul suo stelo. Semplice, chiaro, facile da seguire... Ma, nel corso dei secoli, errori e tendenze l'hanno complicato con leggi minori, oneri e restrizioni e troppe clausole faticose... Io vi porto la Legge, ancora una volta, come l'Altissimo l'ha dettata e nel vostro interesse, vi chiedo di accettarla con cuori sinceri come i veri israeliti dei tempi passati.

Voi borbottate, più nei vostri cuori che con le vostre labbra, incolpando le classi più alte più che la gente umile. Lo so. Il Deuteronomio stabilisce ciò che si deve fare; non era necessario nient'altro. Ma non giudicate coloro che hanno agito per gli altri e non per se stessi. Fate ciò che Dio comanda e, soprattutto,

lottate per essere perfetti in due precetti
fondamentali: se amerete Dio con tutta la vostra
anima, voi non peccherete perché il peccato provoca
dolore in Dio. Chi ama non vuole provocare dolore...
Se amate il vostro prossimo come amate voi stessi,
sarete bambini rispettosi verso i genitori, mariti fedeli
alle vostre mogli, mercanti onesti nei vostri affari,
privi di violenza verso i vostri nemici, veritieri nel dare
testimonianza, privi di invidia nei confronti della
gente ricca, privi di incitamento alla libidine verso la
moglie di un altro uomo... e poiché non vorrete fare
ad altri ciò che non volete che gli altri facciano a voi,
voi non ruberete, non ucciderete, non calunnierete,
né entrerete nel nido di qualcun altro come il cuculo.

Anzi, io vi dico: Portate alla perfezione la vostra
obbedienza ai due precetti dell'amore: amate anche i
vostri nemici.

Quanto vi amerà l'Altissimo, poiché Egli ama così
tanto l'uomo. Sebbene l'uomo sia diventato Suo
nemico attraverso il peccato originale e per i suoi
peccati personali, Egli ha inviato il Redentore,
l'Agnello Che è Suo Figlio, cioè Io, Che sto parlando
con voi, il Messia promesso per redimervi da tutti i
vostri peccati, se voi imparerete ad amare come Egli
ama.

Amate. Possa il vostro amore diventare una scala con
cui, come angeli, ascenderete al Paradiso, come li vide
Giacobbe, quando sentirete il Padre dire a tutti: 'Io

sarò il tuo protettore ovunque andrai, e ti riporterò in questo luogo; al Paradiso, il Regno eterno. La pace sia con voi."

La folla esprime parole di sensibile approvazione e si allontana lentamente. Pietro, Andrea, Giacomo, Giovanni, Filippo e Bartolomeo restano.

"Partirai domani, Maestro?"

"Domani all'alba, se non ti dispiace."

"Mi dispiace che Tu vada via ma non mi importa dell'ora; anzi, al contrario, per me va bene."

"Andrai a pescare?"

"Sì, stasera, quando sorge la luna."

"Hai fatto bene, Simone, a non pescare la scorsa notte. Lo Shabbat non era ancora finito. Neemia* nella sua riforma, vuole che lo Shabbat sia rispettato in Giudea. Anche oggi, troppa gente lavora durante lo Shabbat: accalcati, trasportano legna, vino e frutta, e comprano e vendono pesce e agnelli. Avete sei giorni per quello. Lo Shabbat appartiene a Dio. Solo una cosa potete fare durante lo Shabbat: far del bene al vostro prossimo. Ma tutti i profitti devono essere esclusi da tali aiuti; **chi infrange uno Shabbat per trarre profitto sarà punito da Dio**. ... Se trae un profitto, lo perderà negli altri sei giorni... Non trae profitto? Avrà affaticato il suo corpo inutilmente perché non gli ha garantito il riposo che l'Intelligenza ha prescritto per esso, e così ha irritato la sua anima avendo lavorato invano, e arriva al punto di bestemmiare... Il giorno del signore deve essere trascorso con i vostri cuori uniti a Dio in dolci preghiere d'amore. Dovete essere fedeli in tutto."

* Neemia è la figura centrale del libro di Neemia che descrive la sua opera nel ricostruire Gerusalemme e nel purificare la comunità ebrea.

"Ma... Gli scribi e i dottori, che sono così severi con noi... non lavorano nei giorni dello Shabbat, non danno nemmeno un pezzo di pane al loro prossimo, per risparmiarsi la fatica di porgerlo, ma praticano l'usura** durante gli Shabbat. Poiché non è un lavoro materiale, è legale praticare l'usura durante uno Shabbat?"

** La pratica di prestare denaro a tassi di interesse irragionevolmente elevati.

"No. Mai. Né durante uno Shabbat né in qualsiasi altro giorno. Chi pratica l'usura è disonesto e crudele."

"Gli scribi e i farisei allora..."

"Simone: non giudicare. Non farlo."

"Ma ho occhi per vedere..."

"E' solo male quello che vedi, Simone?"

"No, Maestro."

"Bene, allora, perché guardare le azioni malvagie?"

"Hai ragione Maestro."

"Bene, domani mattina all'alba, partirò con Giovanni."

"Maestro..."

"Sì, Simone, cosa c'è?"

"Maestro, stai andando a Gerusalemme?"

"Sai che ci sto andando."

"Anch'io andrò alla Pasqua ebraica... ed anche Andrea e Giacomo."

"Bene?... Intendi dire che vorresti venire con Me?... E la tua pesca?... E il tuo profitto? Mi hai detto che ti piace avere soldi, ed io starò via per molti giorni; andrò da Mia Madre prima. E ci andrò anche al Mio ritorno; Mi fermerò lì a predicare. Come farai?"

Pietro è perplesso, indeciso... poi prende una decisione. "Penso... che verrò. Preferisco Te ai soldi!"

"Vengo anch'io."

"E anch'io."

"Andiamo anche noi, vero Filippo?" Chiede Bartolomeo.

"Venite allora, mi aiuterete."

"Oh! ..." Esclama Pietro, ancora più eccitato all'idea di aiutare Gesù "Come faremo?"

"Ve lo dirò Io. Per far bene, tutto ciò che dovrete fare è fare ciò che vi dico. Chi obbedisce fa sempre bene. Ora pregheremo, poi ciascuno di noi andrà a fare il suo dovere."

"Tu cosa farai Maestro?"

"Continuerò a pregare. Sono la Luce del mondo ma sono anche il Figlio dell'uomo. Preghiamo... " e Gesù recita il salmo che comincia con "Chi confida nell'aiuto dell'Altissimo, vivrà sotto la protezione del Dio del Paradiso. Egli dirà al Signore: 'Tu sei il mio protettore e il mio rifugio. Lui è il mio Dio, io avrò speranza in Lui. Egli mi ha salvato dalle trappole dei cacciatori e dalle parole dure....'".

## Giuda Taddeo A Betsaida Per Invitare Gesù Alle Nozze Di Cana

La cena è finita e Gesù, Giovanni, Giacomo, Pietro e sua moglie sono tutti seduti nella cucina di Pietro a parlare e Gesù si sta interessando alla pesca, quando Andrea entra parlando di visitatori:
"Maestro, c'è l'uomo in casa del quale Tu vivi, assieme a un altro uomo che dice di essere tuo cugino."

Gesù si alza e va verso la porta. "Falli entrare" dice. E quando vede Giuda Taddeo nella luce proveniente dalla lampada ad olio e dal camino, esclama "Tu Giuda?!"

"Sì, Gesù." Si baciano.
Giuda Taddeo è un uomo virile e di bell'aspetto nel pieno della sua età virile, alto, benché non quanto Gesù, robusto e forte, di carnagione castano-scura

come quella di Giuseppe, il padre adottivo di Gesù, da giovane. I suoi occhi sono piuttosto simili a quelli di Gesù perché sono blu ma tendono al pervinca, la sua barba bruna ha un taglio quadrato e i capelli ondulati sono della stessa tonalità della barba.

"Sono arrivato da Cafarnao, ci sono andato in barca e sono venuto qui in barca per guadagnare tempo. Mi manda Tua Madre; dice: 'Susanna si sposa domani, per favore vieni al matrimonio.' Maria sarà lì, e anche mia madre e i miei fratelli... Tutti i parenti sono stati invitati. Saresti l'unico assente, e ti chiedono di venire e far felice la giovane coppia."

Gesù si inchina, allargando leggermente le braccia e dice: Un desiderio di Mia Madre è una legge per Me. Ma verrò anche per Susanna e per i nostri parenti. Solo... Mi dispiace per voi..." e guarda Pietro e gli altri. "Loro sono Miei amici..." Spiega a suo cugino, poi li presenta, cominciando da Pietro e alla fine dice "... E questo è Giovanni..." con una particolare espressione che fa sì che Giuda Taddeo guardi Giovanni più attentamente, mentre l'adorato discepolo arrossisce. Poi presenta ai suoi amici Giuda Taddeo, dicendo:
"Amici, questo è Giuda, figlio di Alfeo, Mio cugino secondo la consuetudine del mondo perché è il figlio del fratello dello sposo di Mia Madre... Un mio carissimo amico ed un compagno sia nella vita sia nel lavoro."

"La mia casa è aperta a te come al Maestro. Siediti." Poi, rivolgendosi a Gesù, Pietro chiede "Allora? Non veniamo più a Gerusalemme con Te?"

"Certo che venite. Ci andrò dopo il matrimonio. L'unica differenza è che non mi fermerò più a Nazaret."

"Giusto, Gesù, perché Tua Madre sarà mia ospite per qualche giorno..." dice l'uomo da Cafarnao. "... E' ciò che intendo fare. Lei starà con me anche dopo il matrimonio."

"Ecco cosa faremo. Andrò con la barca di Giuda ora, fino a Tiberiade e da lì a Cana. Poi, con la stessa barca, tornerò a Cafarnao con Mia Madre e con te... Voi verrete il giorno dopo del prossimo Shabbat, Simone... se vuoi ancora venire... E andremo a Gerusalemme per la Pasqua ebraica."

"Certo che voglio venite! Anzi, verrò nello Shabbat a sentirti nella sinagoga."

"Stai già insegnando, Gesù?" Chiede Taddeo.

"Sì, Mio cugino."

"E dovresti ascoltare le Sue parole! Ah! Nessun altro parla come Lui!"

Giuda sospira. Con la testa appoggiata alla mano, il gomito sul ginocchio, guarda Gesù e sospira. Sembra ansioso di parlare ma non ha il coraggio.

"Cosa c'è, Giuda?" Dice Gesù incoraggiandolo. "Perché Mi guardi e sospiri?"

"Niente."

"No. Dev'essere qualcosa. Non sono più il Gesù a cui eri tanto affezionato?... Per Cui non avevi segreti?"

"Certo che lo sei! E quanto mi manchi, Tu, il Maestro del Tuo cugino più grande..."

"Bene allora, parla."

"Volevo dirti... Gesù... stai attento... Tu hai una madre... Lei non ha che Te... Tu vuoi essere un "rabbino" diverso dagli altri e sai meglio di me che... che le classi potenti non permettono niente che differisca dalle leggi usuali che essi hanno scritto. Conosco il Tuo modo di pensare... E' santo... ma il mondo non è santo... e opprime i santi... Gesù... Conosci il destino di Tuo cugino il Battista... è in prigione, e se non è ancora morto è perché il malvagio Tetrarca teme le folle e l'ira di Dio. E' malvagio e superstizioso quanto crudele e avido... Tu... cosa farai? A quale destino intendi esporti?"

"Giuda, tu hai tanta familiarità con il Mio modo di

pensare, ed è questo ciò che Mi chiedi?... Stai parlando di tua iniziativa? No, non mentire! Sei stato mandato, certamente non da Mia Madre, a dirmi certe cose..."

Giuda abbassa la testa e diventa silenzioso.

"Parla, cugino."

"Mio padre... e Giuseppe e Simone con lui... sai, per il Tuo bene, perché sono affezionati a Te e a Maria... non vedono di buon occhio ciò che hai intenzione di fare... e... vorrebbero che Tu pensassi a Tua Madre..."

"E tu cosa pensi?"

"Io... io..."

"Tu sei spinto in direzioni opposte dalle voci che arrivano dell'Alto e da quelle che arrivano dal mondo. Non dico dal basso... dico dal mondo. Lo stesso vale per Giacomo... ancora di più. Ma io ti dico che al di sopra del mondo c'è il Paradiso... e al di sopra degli interessi del mondo, c'è la causa di Dio. Voi dovete cambiare il vostro modo di pensare. Quando avrete imparato a farlo, sarete perfetti."

"Ma... e Tua Madre?"

"Giuda, Lei è l'unica che, secondo il modo di pensare del mondo, avrebbe il diritto di richiamarmi al Mio dovere di figlio: cioè, al Mio dovere di lavorare per Lei e occuparmi delle sue necessità materiali... al Mio dovere di assisterla e confortarla con la Mia presenza. Me Lei non chiede nessuna di queste cose... Da quando Mi ha avuto, sapeva che Mi avrebbe perso, per ritrovarmi di nuovo in maniera più ampia rispetto al piccolo nucleo familiare... E da allora, Lei si è preparata a questo...

... La Sua donazione incondizionata e volontaria di Se stessa a Dio non è nulla di nuovo. Mia Madre si è offerta al Tempio prima ancora di sorridere alla vita... e, come Lei mi ha detto le innumerevoli volte che ha parlato con Me della Sua santa infanzia, tenendomi stretto al Suo cuore nella lunghe sere d'inverno o nelle chiare notti stellate d'estate, ha donato Se stessa a Dio sin dall'alba della Sua vita nel mondo... E ha donato Se stessa ancora di più quando ha avuto Me, in modo che Ella potesse trovarsi dove Io sono, a compiere la Missione che mi è stata data da Dio... Tutti Mi abbandoneranno in un certo momento, forse solo per qualche minuto, ma tutti saranno sopraffatti dalla codardia, e penserete che sarebbe stato meglio, per la vostra salvezza, se non Mi aveste mai conosciuto... Ma Lei... Che comprende e sa... Lei starà sempre dalla Mia parte...

... E voi diventerete di nuovo Miei, attraverso di Lei. Con la potenza della Sua fede incrollabile e amorevole, Lei vi attirerà a Sé, e quindi vi condurrà a Me, perché Io sono in Mia Madre e Lei è in Me, e Noi siamo in Dio...

...Vorrei anche che comprendeste che, sia voi che

siete Miei parenti secondo il mondo sia voi, amici e figli in senso soprannaturale. Né voi né chiunque altro sa Chi è Mia Madre. Ma se voi lo sapeste, non La critichereste nei vostri cuori affermando che Ella non è in grado di mantenere il controllo su di Me, ma La venerereste come l'amica più cara di Dio, la Potente Donna Che può ottenere tutte le grazie dal cuore del Padre Eterno e dal Suo Figlio adorato... Io verrò certamente a Cana. Voglio renderla felice...

... Capirete meglio dopo il matrimonio." Gesù è maestoso e persuasivo.

Giuda guarda Gesù, riflette, poi dice "Ed io verrò certamente con Te, con questi amici, se Tu mi vorrai... perché sento che ciò che dici è giusto. Perdona la mia cecità e i miei fratelli. Tu sei molto più santo di noi!"

"Non porto rancore verso coloro che non Mi conoscono... Sono anche privo di sentimenti negativi verso coloro che Mi odiano. Ma mi dispiace per loro per il danno che fanno a se stessi. Cos'hai in quella borsa?"

"La tunica che Tua Madre Ti ha mandato. E' una grande festa domani. Lei pensa che il Suo Gesù ne avrà bisogno in modo che non sembri fuori luogo tra gli ospiti. Ha lavorato dalla mattina presto fino a notte fonda ogni giorno, per preparartela. Ma non ha finito il mantello; le frange non sono ancora pronte ed è molto dispiaciuta per questo.

"Non importa. Indosserò questo, e terrò quello per Gerusalemme. Il Tempio è molto più importante di una festa di matrimonio."

"Sarà così felice."

"Se vuoi trovarti sulla strada per Cana all'alba, dovresti partire subito. La luna sta sorgendo e sarà una piacevole traversata" dice Pietro.

"Andiamo, allora. Vieni, Giovanni. Ti porto con Me. Arrivederci, Simon Pietro, Giacomo, Andrea. Ci vediamo alla vigilia dello Shabbat a Cafarnao. Arrivederci, donna. La pace sia con te e con la tua casa."

Gesù esce con Giuda e Giovanni. Pietro va con loro fino al lago e li aiuta a salpare.

### END

Se ti è piaciuto questo libro, si prega di inviare cortesemente un commento. Accogliamo con favore le vostre risposte. Grazie!

*Estratti da i sequel*

**Dove Ci Sono Spine, Ci Saranno Anche Rose**

.....

Gesù entra nel complesso del Tempio, accompagnato dai Suoi sei discepoli, Pietro, Andrea, Giovanni, Giacomo, Filippo e Bartolomeo, e un'ampia folla si è già radunata all'interno, così come all'esterno del complesso del Tempio. Infatti, guardando in basso dalla cima della collina su cui è situato il Tempio, le strade strette e tortuose di Gerusalemme sono colme di sciami di pellegrini che arrivano in stormi da ogni parte della città, in modo tale che le strade sembrino un nastro multicolore che si muove tra le sue bianche case e l'intera la città è completamente trasformata in un giocattolo raro, fatto di nastri allegramente colorati che convergono verso le cupole brillanti della Casa del Signore.

Ma all'interno del complesso si trova... un vero mercato. La serenità del luogo santo è stata distrutta da gente che corre, alcuni che chiamano, altri che contrattano agnelli, urlano e imprecano per i prezzi eccessivi, animali che belano mentre vengono condotti in recinti, rozzi divisori fatti di funi e paletti, eretti dai mercanti fermi all'ingresso per contrattare con i compratori.

Ci sono colpi di manganello, belati, imprecazioni, urla, insulti ai servi che non sono veloci a radunare o selezionare gli animali, insulti ai compratori che mercanteggiano sui prezzi o che si rifiutano di comprare e insulti ancora più pesanti per coloro che hanno saggiamente portato i propri agnelli. Ci sono più urla ai banchi dei cambiavalute dove il tasso di cambio legale è stato ignorato con disinvoltura ed anzi, senza alcun tasso fisso, i cambiavalute sono ora diventati usurai, impongono tassi esorbitanti per incrementare i loro profitti a loro piacimento e non scherzano nelle loro transazioni! Più la gente è povera o più viene da lontano, più viene derubata: gli anziani più dei giovani e coloro che non provengono dalla Palestina ancora di più della gente del luogo.

Ed è evidente che è sempre costume, almeno nel periodo della Pasqua, che il Tempio diventi... una borsa valori o un mercato nero.

Un povero uomo anziano, uno dei tanti, guarda ripetutamente con tristezza il denaro che ha risparmiato in un intero anno di lavoro molto duro. Lo estrae e lo rimette nel suo borsello dozzine e dozzine di volte, andando da un cambiavalute all'altro e a volte, alla fine, tornando al primo, che poi si vendica della diserzione iniziale alzando la commissione. E le grosse monete passano, con rammarico, dalle mani del loro proprietario sospirante nelle avide mani degli usurai, che le cambiano in monete più piccole.

Poi il povero uomo anziano va incontro a un'altra tragedia con i mercanti di agnelli, per la scelta e il pagamento degli animali. E se, come avviene ripetutamente, il povero uomo anziano è anche mezzo cieco, allora viene ingannato con l'agnellino dall'aspetto peggiore.

Una coppia di anziani - marito e moglie - porta indietro un povero agnellino, che è stato rifiutato da coloro che praticano sacrifici, in quanto imperfetto. La coppia di anziani piange e implora il mercante di agnelli, che, ben lontano dal commuoversi, risponde con rabbia con crude parole e maniere rudi:
"Considerando quanto volete spendere, Galilei, l'agnello che vi ho dato è fin troppo buono. Andatevene! O, se ne volete uno migliore, dovete pagare altre cinque monete. "
"In nome di Dio! Noi siamo poveri e vecchi! Vuoi impedirci di celebrare questa Pasqua che potrebbe essere l'ultima per noi? Non sei soddisfatto di quanto volevi per un povero agnellino? "
"Andatevene, luridi. Sta arrivando Giuseppe il Vecchio. Apprezzo la sua cortesia. Dio sia con te, Giuseppe! Vieni a scegliere! "
Giuseppe il Vecchio, anche noto come Giuseppe di Arimatea, passa davanti, imponente e orgoglioso, vestito magnificamente, senza degnare di uno

sguardo i poveri anziani all'entrata del recinto. Entra nel recinto, sceglie un meraviglioso agnello e quasi inciampa nella coppia di anziani, uscendo con il suo grasso agnello belante.

Anche Gesù, che ora è vicino, ha fatto il Suo acquisto, e Pietro, che ha contrattato per Lui, trascina un agnello piuttosto buono. Pietro vorrebbe andare subito dove si offrono i sacrifici, ma Gesù si volta verso destra, verso la coppia di anziani spaventati, piangenti, esitanti, che sono pestati dalla folla e insultati dal venditore.
Gesù, Che è così alto che le teste dei poveri anziani raggiungono a malapena il Suo cuore, posa una mano sulla spalla della donna e le chiede: "Perché stai piangendo, donna? "
La piccola donna anziana si volta e vede il giovane uomo, alto e solenne, in una bella tunica bianca nuova e un mantello abbinato bianco come la neve . Lo scambia per un dottore per i Suoi indumenti e il Suo aspetto e la sua sorpresa è ancora maggiore perché i dottori e i sacerdoti non prestano attenzione ai poveri, né li proteggono dalla grettezza dei mercanti. Spiega a Gesù il motivo delle sue lacrime.
"Cambia questo agnello per questi credenti. Non è degno dell'altare, e non è giusto che tu debba approfittarti di due poveri anziani, solo perché sono deboli e indifesi. " dice Gesù al venditore di agnelli.
"E tu chi sei? "
"Un uomo giusto. "
"Per il Tuo modo di parlare e per quello dei Tuoi

compagni, so che sei un galileo. Può esistere un uomo giusto in Galilea? "
"Fai ciò che ti ho detto, e sii tu stesso un uomo giusto. "
"Ascoltate! Ascoltate il galileo Che difende i Suoi pari! E vuol insegnare a noi del Tempio! " L'uomo ride e Lo schernisce, imitando l'accento galileo, che è più musicale e dolce di quello giudeo.
Molta gente si avvicina loro e altri mercanti e cambiavalute prendono le difese del mercante, loro simile, contro Gesù.
Tra i presenti ci sono due o tre rabbini ironici. Uno di essi chiede: "Sei un dottore? ", in un tono che metterebbe alla prova persino la pazienza di Giobbe.
"Sì, lo sono,"
"Cosa insegni? "
"Ecco cosa insegno: a rendere la Casa di Dio una casa di preghiera e non di usura o un mercato. E' questo che insegno. "
Gesù è formidabile. Sembra l'arcangelo sulla soglia del Paradiso ed anche senza una spada lucente tra le mani, i raggi di luce dai Suoi occhi colpiscono come fulmini gli empi schernitori. Gesù non ha niente in mano. Ha solo la Sua collera. E, pieno di collera, cammina veloce e solenne tra i banchi dei cambiavalute. Sparpaglia le monete che sono state tanto meticolosamente messe in ordine secondo il loro valore, rovescia i banchi e i tavoli gettando tutto per terra con forti rumori. Tra il fragore di metalli che cadono e di legno che sbatte, grida rabbiose, strilli di terrore e urla di approvazione si sollevano

mescolandosi. Ma Gesù non ha ancora finito.
Strappa delle corde usate per legare i buoi, le pecore e gli agnelli dalle mani dei garzoni della stalla e le usa per farne una frusta molto dura con i nodi che sono veri flagelli. Poi solleva la frusta e la agita colpendo con essa senza pietà. Sì... senza pietà.
La tempesta imprevista colpisce teste e schiene. I credenti si spostano da un lato ammirando la scena; i colpevoli, scacciati fino al muro esterno, scappano, lasciando i soldi per terra e abbandonando i loro animali in una gran confusione di gambe, corna e ali, alcuni dei quali, atterriti, corrono e volano via. I muggiti dei buoi, i belati delle pecore e il battito d'ali delle tortore e dei colombi, si aggiungono al trambusto delle risate e alle grida dei credenti, mentre deridono gli usurai in fuga, coprendo persino il triste coro degli agnelli che vengono uccisi in un altro cortile.
Sacerdoti, rabbini e farisei accorrono sul posto. Gesù è ancora in mezzo al cortile, terminata la caccia, con la frusta ancora tra le mani.
"Chi sei Tu? Come osi fare ciò, stravolgendo le cerimonie prescritte? Di quale scuola sei? Non Ti conosciamo, né sappiamo da dove vieni."
"Io sono l'Onnipotente. Io posso fare tutto. Distruggete questo Tempio ed Io lo innalzerò per dare lode a Dio. Non sto stravolgendo la santità della Casa di Dio, ma voi la stravolgete permettendo che la Sua Casa divenga il centro degli usurai e dei mercanti. La mia scuola è la scuola di Dio. La stessa scuola che

tutto Israele ha seguito quando Il Padre Eterno ha parlato a Mosè. Non Mi conoscete? Mi conoscerete. Non sapete da dove vengo? Lo imparerete."
Poi, ignorando i sacerdoti, Gesù si volta verso la gente, ergendosi nella Sua bianca tunica, con il mantello aperto e fluttuante nel vento alle Sue spalle, le braccia distese come un oratore che sottolinea il fulcro del suo discorso, e dice: "Ascolta, Israele! Nel Deuteronomio è scritto: 'Dovrai assegnare giudici e scribi a tutte le porte... ed essi dovranno amministrare un giudizio imparziale per la gente. Dovrai essere imparziale, non dovrai farti corrompere, perché un atto di corruzione acceca gli uomini saggi e mette in pericolo la causa dei giusti. La giustizia rigorosa dovrà essere il tuo ideale, in modo che tu possa vivere nel possesso di diritto della terra che Yahweh, tuo Dio, ti sta donando.' "
"Ascolta, Israele. Nel Deuteronomio è scritto: 'I sacerdoti e gli scribi e tutta la stirpe di Levi non avrà quote o eredità da Israele, perché essi dovranno vivere del cibo offerto a Yahweh e di ciò che è a Lui dovuto, non avranno eredità tra i loro fratelli, perché Yahweh sarà la loro eredità.'"
"Ascolta, Israele. Nel Deuteronomio è scritto: 'Non devi chiedere interessi a un tuo fratello, di denaro o di cibo o di qualunque altra cosa. Puoi chiedere gli interessi su un prestito a uno straniero; presterai senza interessi a un tuo fratello qualunque cosa di cui egli abbia bisogno.'
Il Signore ha detto questo. Ma ora vedete che in Israele i giudizi sono amministrati senza giustizia per

i poveri. Essi non sono inclini alla giustizia, ma stanno dalla parte dei ricchi, ed essere povero, far parte della gente comune vuol dire essere oppresso. Come può il popolo dire: 'I nostri giudici sono giusti' quando essi vedono che solo i potenti sono rispettati e accontentati, mentre i poveri non hanno nessuno che li ascolti? Come può il popolo rispettare il Signore, quando vede che il Signore non è rispettato da coloro che dovrebbero rispettarlo più di chiunque altro? Chi infrange i comandamenti del Signore Lo rispetta? Perché allora i sacerdoti in Israele possiedono proprietà ed accettano tangenti dagli esattori e dai peccatori, che fanno loro delle offerte per ottenerne i favori, mentre accettano doni per riempire i loro scrigni? Dio è l'eredità dei Suoi sacerdoti. Egli, il Padre di Israele, è più di un Padre per loro e fornisce loro il cibo, ed è giusto. Ma non più di ciò che è giusto. Egli non ha promesso denaro e possedimenti ai Suoi servitori del santuario. Nella vita eterna, essi possiederanno il Paradiso per la loro giustizia, come Mosè, Elia, Giacobbe e Abramo, ma in questo mondo essi non dovranno avere che una veste di lino e un diadema di incorruttibile oro: purezza e carità, e i loro corpi dovranno essere sottoposti alle loro anime, che sono sottoposte al vero Dio, e i loro corpi non dovranno essere padroni delle loro anime e contro Dio.

Mi è stato chiesto su quale autorità faccio questo. E su quale autorità essi violano l'ordine di Dio e permettono, all'ombra delle sacre mura, l'usura verso i loro fratelli di Israele, che sono venuti a obbedire

all'ordine divino? Mi è stato chiesto da quale scuola provengo e ho risposto: 'Dalla scuola di Dio'. Sì, Israele, Io provengo e vi riporterò a quella santa e immutabile scuola. Chi vuol conoscere la Luce, la Verità, la Via, chi vuol ascoltare ancora una volta la voce di Dio che parla al suo popolo, lasciate che venga da Me. Hai seguito Mosè nel deserto, Israele. Segui Me, perché Io ti condurrò, attraverso un deserto ben peggiore, alla vera Terra benedetta. Su ordine di Dio, Io ti ci condurrò, attraverso un mare aperto. Ti curerò da tutti i mali innalzando il Mio Segno.
Il tempo della Grazia è arrivato. I profeti lo hanno atteso e sono morti aspettandolo. I profeti lo hanno profetizzato e sono morti in quella speranza. I giusti lo hanno sognato e sono morti confortati da tale sogno. E' qui ora. Venite. 'Il Signore sta per giudicare il Suo popolo e avere misericordia dei Suoi servitori', come Egli ha promesso tramite Mosè. "
La gente che si affolla attorno a Gesù rimane ad ascoltarlo a bocca aperta. Poi commentano le parole del nuovo rabbino e fanno domande ai suoi compagni. Gesù si reca in un altro cortile, separato dal primo solo da un portico, e i Suoi amici Lo seguono.

www.ingramcontent.com/pod-product-compliance
Lightning Source LLC
Chambersburg PA
CBHW070606050426
42450CB00011B/3004